# 两岸融合发展示范区台青融入建设与家国情怀涵育研究

闫兴 著

海峡出版发行集团 | 海峡文艺出版社

图书在版编目(CIP)数据

　　两岸融合发展示范区台青融入建设与家国情怀涵育研究/闫兴著.--福州:海峡文艺出版社,2024.9
　　ISBN 978-7-5550-3880-1

Ⅰ.D432.6

中国国家版本馆 CIP 数据核字第 2024AB1217 号

## 两岸融合发展示范区台青融入建设与家国情怀涵育研究

闫　兴　著

出 版 人　林　滨
责任编辑　余明建
出版发行　海峡文艺出版社
经　　销　福建新华发行(集团)有限责任公司
社　　址　福州市东水路 76 号 14 层
发 行 部　0591-87536797
印　　刷　福州力人彩印有限公司
厂　　址　福州市晋安区新店镇健康村西庄 580 号 9 栋
开　　本　700 毫米×1000 毫米　1/16
字　　数　180 千字
印　　张　18.25
版　　次　2024 年 9 月第 1 版
印　　次　2024 年 9 月第 1 次印刷
书　　号　ISBN 978-7-5550-3880-1
定　　价　88.00 元

如发现印装质量问题,请寄承印厂调换

# 作者简介

**闫兴**,教授,中共福建省委党校闽台研究院副院长,福建省稀缺专业引进人才,福建省高层次人才,中国政法大学国际政治学博士,福建师范大学特聘研究员、研究生导师,台湾政治大学受邀访问学者,福建省人民政协理论研究会特聘研究专家,福建省习近平新时代中国特色社会主义思想研究中心研究员,主要从事国际政治及台湾问题研究。荣获福建省第十五届社会科学优秀成果奖一等奖。在中国社会科学院主管一类权威核心《台湾研究》《世界民族》等国内外核心刊物、《学习时报》等发表理论文章50余篇,主持完成国家社科基金项目、省级各类课题30余项,出版专著4部。

本书系国家社会科学基金项目（项目编号：22BMZ081）研究成果

感 谢
中共福建省委党校、中国人民政治协商会议福建省委员会有关方面对本书的资助与支持

# 序

## 汪毅夫

2023年9月14日,新华社受权发布《中共中央、国务院关于支持福建探索海峡两岸融合发展新路建设两岸融合发展示范区的意见》(以下简称《意见》)。《意见》发布10余天后,厦门大学台湾研究院于9月26日举办"两岸学者面对面"活动,主题是"融合发展"的理论研讨;《意见》发布10个月后,中共福建省委党校闫兴教授推出新著《两岸融合发展示范区台青融入建设与家国情怀涵育研究》,主打的是"融合发展"的实践探讨。应该说,福建学界深度介入"融合发展"的理论与实践研究,起步、出手相当快捷。

《意见》分总体要求、建设台胞台企登陆第一家园、促进闽台经贸深度融合、促进福建全域融合发展、深化闽台社会人文交流、强化组织保障等6部分,共计21条。那么,可不可以按照此前的惯例,将《意见》简称为中央发布的"福建惠台措施21条"呢?当然不可以,因为《意见》并非仅是惠台措施的简单汇编,《意见》是凝聚经验、智慧和远见,饱含两岸一家的亲情、祖国统一的使命感等高尚情感的一份高智商、高情商文件。我曾发表感言说,《意见》有人的情感、人的体温。

闫兴教授的新著书名是《两岸融合发展示范区台青融入建设与家国情怀涵育研究》,她选择的是"情感融合""示范样板""台青融入建设""家国情怀涵育"等学术制高点。书分概念界定及相关政策、闽台青年交流交往的现状、闽台青年交流促进两岸情感融合、进一步完善闽台青年交流促进情感融合机制四个部分,细致描述和论述、深入调查和研究闽台青年的情感融合实践,具有很高的学术价值和现实意义。

在福建省政协工作的一位老朋友告诉我,为了更好地协助台湾青年参加两岸融合发展示范区的建设,福建省政协举办了"走进政协·台湾青年说"活动,该活动开展得有声有色。闫兴教授愿将她的新著作参加到政协工作中来,并作为给中国人民政协成立75周年的献礼。这真是太好啦。

祝贺闫兴教授又出了一本好书。

**(作者系全国台湾研究会会长、教授)**

# 前　言

2024年10月15日至16日，习近平总书记来福建考察调研并发表重要讲话，为福建改革发展把脉定向、指路引航。他强调要扭住目标不放松，一张蓝图绘到底，在中国式现代化建设中奋勇争先。强调继续聚焦"四个更大"，即在加快建设现代化经济体系上取得更大进步，在服务和融入新发展格局上展现更大作为，在探索海峡两岸融合发展新路上迈出更大步伐，在创造高品质生活上实现更大突破。并指出要"促进两岸文化交流，共同弘扬中华文化，增进台湾同胞的民族认同、文化认同、国家认同"，"办好海峡两岸青少年象棋、足球、文艺研学等品牌活动，以文化人、以情促融，为建设好两岸融合发展示范区作出积极贡献"。

青年兴则国家兴。青年既是国家强盛的见证者、继承者，也是中国式现代化进程中的创造者、推动者。青年是国家的未来和希望，也是助力两岸融合发展最积极、最有生气的力量。引领时代青年，是事关示范区持续建设、事关民族伟大复兴、事关国运兴衰的重大问题。新时代新征程，两岸青年必须坚定自信，自觉担负起推动两岸融合发展的责任使命，在建设两岸融合发展示范区征程中谱写人生新华章。马英九先生于2024年4月1日至11日率台湾青年在大陆的寻根、交流之旅，从广东到陕西再到北京，透过随行台湾青年的眼睛，看见中华民族的历史、文化和血脉的绵延和当下的繁荣进步，两岸携手共创未来的图景真实可感，青年是其中最鲜活的力量。

《中共中央、国务院关于支持福建探索海峡两岸融合发展新路建设两岸融合发展示范区的意见》发布以来，中央和国家有关部委主动作为，提出创新举措，加强政策支持，建立协同落实机制，创新工作方法，共同推动《意见》各项任务举措落地见效。福建省高度重视两岸融合发展示范区建设，制定了贯彻落实《意见》的实施意见，出台了惠台利民措施，对贯彻落实中央决策部署、加快建设两岸融合发展示范区作出全面部署，吹响了加快建设两岸融合发展示范区的响亮号角。这些举措便利在台胞往来和生活、深化闽台经贸合作、鼓励台胞就业创业等方面发挥了重要作用，也为推进两岸融合发展示范区建设，推动探索海峡两岸融合发展新路走深走实，推进祖国统一大业作出了新的贡献。

福建省持续从推动社会融合、经济融合、情感融合、全域融合四个方面着力，加快建设两岸融合发展示范区。一是打造共同家园取得新进展。推动基础设施应通尽通，"小三通"和空中直航航线部分复航，客流量大幅增长。不断完善台湾青年来闽就业创业政策支持和服务体系，福州、厦门、平潭为台胞推出2000多套免租房和公租房。福州市全力打造福马"同城生活圈"，支持马祖青年在福州同等享受当地居民待遇，推出"福马同城通"，台湾青年持卡可在福州享受公共交通优惠、免费游览四大文化景点等七项便民服务举措。二是深化经贸合作取得新进展持续优化涉台营商环境，拓展创业台青企业发展路径。三是密切情感纽带取得新进展。2023年成功举办海峡论坛、海峡青年节等近280场两岸交流活动，取得积极成果。如2024年5月至12月三明市举行海峡两岸小吃文化交流系列活动，包括两岸小吃美食嘉年华、沙县小吃台湾行、沙县小吃旅游文化节暨海峡两岸美食节等，嵌入小吃探店打卡、短视频创作、小吃美食马拉松、探访台湾青年创业园等内容，邀请台胞1000余人参加，通过以"食"会友、以"食"连心，增进闽台青年美食文化交流。

回望历史，两岸根脉相连，青年赓续传承。中华民族、中华文明发展绵延，台湾本就身在其中。拜谒黄帝，寻根问祖；访秦俑、品典籍，触摸文脉；访黄埔军校、走卢沟桥，重温抗战史……台湾青年们踏上神州大地，追寻的正是中华民族的血缘根脉、精神命脉。知所从来，思所将往。海峡两岸的历史不可分割，两岸同胞同为炎黄子孙，传承中华文化、弘扬民族精神，是两岸同胞、特别是青年的共同使命，也是安身立命之本、人生方向指引。着眼当前，两岸共同发展，青年凝心聚力。今天的中国经过百年奋斗，一步步实现、并在多方面超越了孙中山先生描绘的蓝图。从港珠澳大桥到"冰丝带"，从无人机到新能源车，大陆的建设成就和科技进步真实展现，中国式现代化蕴含发展机遇之丰富，已来到大陆就业创业的台青奋斗故事就是最好的注解。同龄人天然亲近。两岸青年在互学互鉴中共同成长，将成为增进两岸亲情的最佳纽带；在推动两岸融合发展中创造双赢，将是促进两岸共同发展的有力推手。从青年出发，两岸同胞团结在一起，就是台海和平的最佳守护者。

长远而言，两岸共创未来，闽台两地青年大有可为。在中华民族伟大复兴的历史进程中，台湾同胞不能也不会缺席。两岸同胞坚决反对"台独"分裂活动和外部势力干涉，坚定守护中华民族共同家园，把中华民族的命运牢牢掌握在自己手中，青年人更应共担复兴中华民族的重责大任。相信在两岸同胞共建美丽家园、共创和平统一美好未来过程中，青年将大有作为，为实现民族复兴贡献青春力量。

两岸青年好，两岸未来才会好。闽台青年怀抱强烈的历史主动精神，充分发挥青春能动力，积极投身新福建建设、中国式现代化建设，让青春在担当新的文化使命中绽放出更加绚丽光彩。2024年9月20日，习近平总书记在庆祝中国人民政治协商会议成立75周年大会上的讲话中强调："希望人民政协发扬优良传统，牢记政治责任，坚持党的领导、统一战线、协商民主有机结合，充分发挥专门协商机构作用，为推进中国式现代化广泛凝聚人心、凝聚共识、凝聚智慧、凝聚力量。"由中国人民政治协商会议福建省委员会举办的"走进政协·台湾青年说"就是落实习近平总书记重要讲话精神的生动实践。如围绕"协商民主与两岸融合发展"的主题，邀请多位台青分享自己在福建体验政协制度的感悟，倾听民主协商实践当中的台胞声音，携手探索两岸融合发展的新路径。放眼未来，两岸青年必将增强做中国人的志气、骨气、底气，共创中华民族绵长福祉，续写中华民族历史新辉煌。

# 目录

## 绪 论

## 第一章 概念界定及相关政策
第一节 概念界定 -023
第二节 相关理论基础 -039

## 第二章 闽台青年交流交往的现状
第一节 闽台青年交流的形式 -076
第二节 闽台青年交流交往的内容 -086
第三节 闽台青年交流交往的特征 -099
第四节 闽台青年交流在两岸青年交流中的独特优势 -120
第五节 闽台青年在交流交往中存在的问题 -132

## 第三章 闽台青年交流促进两岸情感融合
第一节 两岸青年交流的理论机制 -141
第二节 两岸青年交流的影响评估 -159
第三节 闽台青年交流机制建设现状 -185

## 第四章　进一步完善闽台青年交流促进情感融合机制

—— 第一节　拓宽两岸青年交流平台 -215

—— 第二节　进一步深化闽台青年交流机制建设前瞻性研究 -231

—— 第三节　制定闽台青年交流机制的中长期规划 -244

—— 第四节　构筑闽台青年交流机制合作体系 -256

—— 第五节　不断完善闽台青年交流合作机制 -260

# 绪论

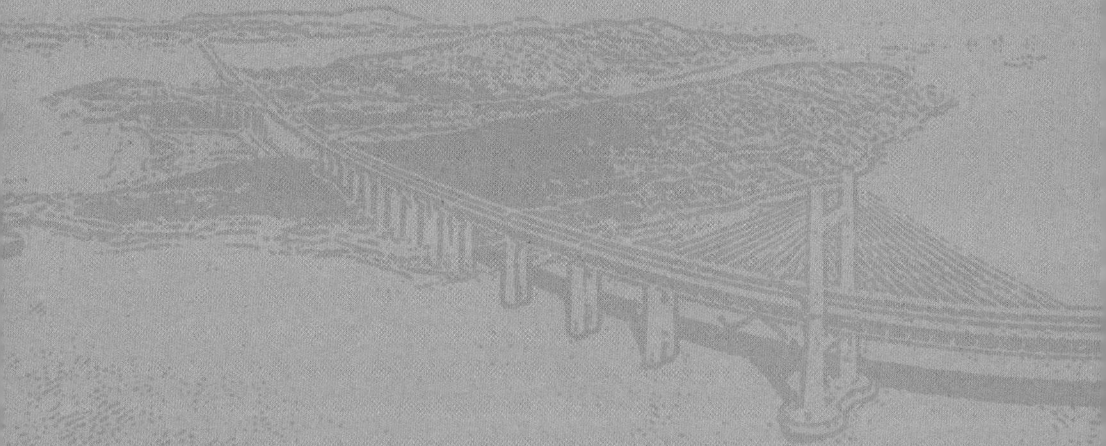

## 一、研究缘起与意义

### （一）研究缘起

随着两岸关系和平发展新局面的日益巩固与深化，两岸青年的交流也不断拓展、加深，青年逐渐成为两岸交流的生力军，在推进祖国统一的历史大势中发挥的作用日益显著。"以通促融、以惠促融、以情促融，勇于探索海峡两岸融合发展新路"的重要理念为新时代对台工作提供了根本遵循和行动指南。其中，以情促融的关键之一在于加强两岸青年的交往交流。青年一代是推进祖国统一与民族复兴的希望所在，应承担起开路先锋的历史重任，在推进两岸关系和平发展、融合发展的进程中，两岸民意的沟通、交流、融合至为重要。因此，进一步深化两岸青年交流，提高台湾青年责任感和使命感，应充分利用台湾青年在大陆发展的有利条件，发挥大陆台青的桥梁纽带作用，让大陆的台湾青年了解到祖国的发展，带动更多台湾青年融入大陆，为两岸融合发展贡献青春智慧与力量，在两岸青年同心同行中进一步推动和平统一。福建与台湾一衣带水、同根同源，是台湾青年"登陆"发展的主要聚集地之一。作为两岸关系的重要组成部分，闽台青年之间的交流不仅有助于增进彼此的了解和友谊，同时也承载着促进两岸关系和平发展的重要使命，站在新的历史条件下，面对当今两岸形势，进一步加强在闽台青交流交往示范样板建设研究主要缘起于以下背景和依据：

1. 时代境遇：世情和国情发展变化要求进一步深化两岸青年交流交往

当今世界正处于百年未有之大变局，在前进道路上，我们面临诸多风险挑战，在这一大背景下，迫切需要各族各界青年团结起来，迫切呼唤建立最广泛最牢固的青年爱国统一战线，最大限度地汇聚海内外中华青年团结奋斗的青春力量。深化两岸青年交流，既是增进两岸同胞的相互了解与信任的关键路径，也是把握两岸青年人才资源的重要方式，从而推动两岸关系和平发展，为中华民族的伟大复兴贡献力量。

第一，在全球化的大背景下，一方面，国际形势日趋复杂多变，各种文化交流、思想碰撞日益频繁，两岸关系也面临着前所未有的挑战与机遇。青年作为社会的未来和希望，他们的交流与互动对于促进两岸政治、经济和文化的融合与发展具有不可替代的作用。通过深化两岸青年交流，可以让两岸青年更加深入地了解祖国的发展，了解彼此的文化传统、价值观念和社会制度，从而增进相互理解与尊重，减少误解与偏见。另一方面，全球化背景下人才是民族复兴、赢得国际竞争优势的战略资源，进一步深化两岸青年人才的交流，既满足两岸青年人才充分发挥其价值的个人需求，也符合两岸经济社会发展的共同需求。

第二，祖国的快速发展为两岸青年交流提供了更加广阔的空间。随着大陆经济的快速发展和社会的全面进步，越来越多的台湾青年选择到大陆求学、就业、创业。他们亲身感受到了祖国大陆的发展成就和社会进步，成为推动两岸关系和平发展的重要力量。同时，大陆也为台湾青年提供了更加广阔的发展舞台和机遇。2018年2月28日,国务院台办等29个部门联合发布施行的《关于促进两岸经济文化交流合作的若干措施》中指出台湾专业人才可申请参与国家"千人计划"。在大陆工作的台湾专业人才,可申请参与国家"万人计划"[①]。此外,大陆也连续不断地举办两岸青年交流会,加强两岸青年教育合作,举办各类文化活动、艺术展览,这些举措不仅为台湾青年的成长和发展创造了有利条件,也充分体现了大陆对两岸关系的高度重视和关心,让他们在实现自身梦想的同时,也为两岸关系的和平发展贡献力量。

2.家国语境:实现祖国统一、中华民族伟大复兴寄望于两岸青年一代

台湾自古以来就属于中国,这一点无须再论证。近代以来,台湾经历了被割让、再收回、又分隔的过程。台湾问题的实质就是两岸分隔分治及其解决。解决台湾问题,实现祖国统一,是新中国成立以来中国共产党、中国政府、中国人民矢志不渝的历史任务,也是中华民族伟大复兴的必然要求。当前,国际形势风云变幻,岛内"台独"势力蠢蠢欲动,两岸和平统一面临严峻的挑战。然而,这并没有阻止我们维护国家主权和领土完整的坚定决心,也没有阻碍两岸青年交流交往的热忱与努力。两岸青年坚守着对祖国的热爱与承诺,并以行动证明着这份执着与坚定。

中国共产党自成立起,就高举马克思主义旗帜,肩负领导包括广大中国青年在内的全体人民实现民族复兴的历史使命,让广大先进青年成为中华民族伟大复兴的忠实践行者。近代以来,在

---

① 中共中央台办、国务院台办.关于印发《关于促进两岸经济文化交流合作的若干措施》的通知[EB/OL]. http://www.gwytb.gov.cn/wyly/201802/t20180228_11928139.htm,2018-02-28.

中国人民争取民族独立、人民解放的艰苦斗争中，一批又一批爱国青年挺身而出、奋起抗争，谱写了一曲曲壮丽的青春之歌。在新民主主义革命时期，中国青年广泛响应党的号召，组织发动一系列青年运动，抵御外敌、反对内战，救亡图存。在台湾方面，中国共产党积极培育台湾革命力量，其中"台湾少年团"作为抗日后备力量，也是党领导的台湾反对日本殖民侵略、维护祖国统一的代表。新中国成立后，广大先进青年积极投身于社会主义革命和改革的热潮中，为改变祖国一穷二白的面貌洒下青春的热血与汗水。在改革开放和社会主义现代化建设新时期，在党的领导下，中国青年在中国特色社会主义的生动实践中发挥着骨干作用，发出"振兴中华"的时代强音。在两岸关系的发展历程中，无数两岸青年秉持大义、挥洒青春，留下了深刻印记，作出了重要贡献。历史的长河滚滚向前，每一个时代都有其独特的使命与挑战，今天，我们站在新时代的起点上，党中央提出实现中华民族伟大复兴的"中国梦"，作为全党和全国各族人民共同的奋斗目标和理想追求，这是赋予新时代两岸青年的光荣而又艰巨的使命。可以看到，中国共产党充分认识和理性审视两岸青年在国家、对民族及对两岸关系的重要角色和价值作用，坚决贯彻青年优先发展的原则，尊重青年主体地位，充分发挥青年的主人翁精神，鼓励引导两岸青年担当民族大义，勇扛时代责任，将个人奋斗融入国家发展大局、将个人成长与民族进步紧密相连，激发青年在实现中华民族伟大复兴过程中的主体能动性和积极创造性，以青春的热情和力量，绘制民族复兴的宏伟蓝图，塑造充满活力和朝气的青春中国。

两岸青年一代代表着两岸关系的未来。青年既是个体的青年，也是群体的青年，是与时代潮流、国家命运和社会现实密切联系的青年。青年不仅是"下一代"，更代表着"下一个时代"。两岸青年一代代表着两岸关系的未来，两岸青年只有携手同心、厚植情谊，共谋发展、共话未来，共创两岸青年融合发展新格局，才能为促进祖国统一与民族复兴贡献更多的青春智慧与力量。

3.内生诉求：两岸交流为两岸青年自我成长、价值实现提供平台与机遇

两岸青年交流是两岸关系和平发展的重要组成部分。随着时代的发展，两岸关系的和平发展已成为大势所趋，人心所向。在这样的背景下，两岸青年之间的交流与合作显得尤为重要。通过交流，两岸青年不仅能够增进相互了解与信任，更能为自身的成长和价值实现搭建起宽广的平台。两岸青年交流有助于拓宽彼此的视野。通过参观访问、学术交流、实习实践等多种形式的活动，两岸青年可以深入了解对方的社会文化、教育制度、经济发展等方面的情况，打破信息壁垒，增进相互理解。这种视野的拓展有助于青年们形成更加全面、客观的世界观，为未来的个人发展奠定坚实的基础。两岸青年交流为双方提供了宝贵的学习机会。在交流过程中，两岸青年可以互相学习对方的优点和长处，取长补短，共同提升。例如，在科技创新、文化创意、社会服务等领域，两岸青年可以开展深度合作，共同探索新的发展路径。这种合作不仅能够推动两岸相关产业的进步，还能够培养出一批具有国际视野和创新精神的青年人才。两岸青年交流也是实现个人价值的重要途径。在交流中，两岸青年可以展示自己的才华和

能力，实现自我价值。同时，通过参与各种社会实践活动和志愿服务，两岸青年还可以为社会做出贡献，实现社会价值。这种价值的实现不仅能够增强青年们的自信心和成就感，还能够促进两岸关系的和谐稳定发展。

4.福建优势：在闽台青交流交往示范样板建设是充分发挥福建对台优势和先行示范作用的必然要求

福建与台湾一水之隔，自古以来就是两岸同胞交流交往的重要通道和桥梁。在两岸交流交往中，福建具备得天独厚的优势：

第一，全域融合优势。台湾与福建之间深厚的历史文化纽带，将两岸人民的心紧紧相连。在地缘上，台湾与福建隔海相望，直线距离不过百余公里，是大陆距离台湾最近的省份。这种得天独厚的地理优势，使得两岸在历史上的交流互动频繁而密切。无论是早期的移民迁徙，还是后来的商贸往来，福建与台湾之间的地理距离都为这种交流提供了便利。在祖地上，台湾居民中，70%以上祖籍都在福建，他们与福建人民有着共同的血脉和文化传统，这种血缘关系使得两岸人民在心灵上有着天然的亲近感。无论是语言、文字、风俗还是宗教信仰，台湾与福建都有着高度的相似性和继承性，这种文化传承不仅增强了两岸人民的认同感，也为两岸青年文化交流提供了广阔的空间。福建拥有发达的制造业和现代服务业，而台湾则在高科技产业和金融业方面具有优势。双方在产业结构上的互补性非常明显，可以通过合作实现资源共享、优势互补，共同推动产业发展。以上优势为两岸青年交流搭建了一座坚实的桥梁，让两岸青年得以在相互了解、相互尊重的基础上，深化友谊，拓展合作，共同推动两岸关系的和平发展。

第二，经验优势。福建长期以来与台湾保持着密切的交流合作，在推动两岸民间交流、经贸合作、文化交流等方面，福建积累了丰富的经验和成功的案例。例如开展海峡两岸同胞护驾妈祖金身巡安莆田活动、举办闽台大圣文化交流论坛等各种形式的文艺演出、展览、学术交流等，发挥了妈祖文化、闽南文化、客家文化的独特魅力，向台湾同胞展示中华文化的丰富多彩和博大精深。再比如2022年启动的福建漳州古雷炼化一体化项目，作为海峡两岸最大的石化合作项目，促进了两岸企业的协同发展和产业的转型升级。这些经验和成功案例不仅为福建的对台交流工作提供了宝贵的借鉴和启示，也为全国其他地区对台交流工作的开展提供了有益的参考和借鉴。

第三，政策优势。随着两岸关系的深入发展，国家和福建省结合实际，出台了一系列支持台湾同胞在闽发展的优惠政策。福建省政府设立了专门的台湾工作办公室，制定了一系列针对台湾的优惠政策和措施，为两岸交流交往提供了良好的环境和政策支持。2023年，《中共中央、国务院关于支持福建探索海峡两岸融合发展新路建设两岸融合发展示范区的意见》，明确了福建在贯彻新时代党解决台湾问题的总体方略中的定位、使命和任务，顺应了两岸要和平、要发展、要交流、要合作的主流民意。目标是在福建全省域基本建成两岸融合发展示范区，充分显现福建作为台胞台企登陆第一家园的效应。重点是支持福建充分发挥对台独特优势和先行先试作用，不断完善促进闽台融合发展政策措施，率先落实台胞台企同等待遇，持续增进台湾同胞福祉，让台湾同胞充分感受到"融合有好处、闽台亲上亲"。

## （二）研究意义

在闽台青交流交往示范样板建设的研究意义不仅在于推动两岸青年交流合作，更旨在为推进两岸关系的和平发展、两岸文化融合与经济社会共同进步提供理论支撑和实践指导。因此，笔者将从理论意义和实践意义两个层面阐述本书的研究意义。

1.理论意义

第一，在闽台青交流交往示范样板建设研究有助于丰富和发展两岸关系和平发展的理论体系。通过对闽台青年交流交往的深入研究，对示范样板建设的深入分析和总结，一方面，可以更加清晰地认识到两岸青年在文化传承、经济发展、社会进步等方面的共同点和差异，为两岸关系的和平发展提供更加坚实的理论支撑。另一方面，可以提炼出促进两岸青年交流的有效机制和方法，不断探索和总结两岸关系和平发展的规律和经验，形成更加完善的理论体系，为两岸关系的和平稳定提供理论支持。

第二，能够进一步拓展两岸青年交往交流机制建设的研究。当前，推进两岸关系的机制建设主要集中在经贸、文化、民生等领域，相比之下，两岸青年交往交流领域的机制建设显得较为薄弱。同时，学术界关于两岸交流合作机制建设的研究尚处于起步阶段，关于两岸青年交流机制建设的研究也更为匮乏。在闽台青交流交往示范样板建设研究一方面从微观层面探讨促进闽台青年交往交流的具体政策的出台和调整以及具体方式路径，也从宏观层面研究闽台青年交流的现状与问题，分析当前交流中存在的障碍和瓶颈，提出相应的解决策略，同时借鉴国际青年交流的成功经验，结合两岸实际，探索适合两岸青年的交流模式，更重要的是关注青年在两岸关系中的角色和作用，研究如何更好地发挥青年在推动两岸关系和平发展中的作用。从微观与宏观两个对两岸青年交往交流机制建设进行梳理与研究，以此构建更加完善更有保障的两岸青年交往交流机制。

第三，能够加强两岸青年交流机制建设的区域性研究。闽台两地地缘相近、祖籍相亲，历史文化和社会经济背景有着深厚的渊源，是对台工作的前沿阵地，在此基础上，中央出台了福建对台先试先行的政策，在这样的背景下，两地青年的交流交往具有得天独厚的优势。当前，福建作为海峡两岸交流交往的重要枢纽，承载着促进两岸青年交流合作的独特使命。多年来，顺应两岸青年往来的意愿，闽台青年交流活动日益频繁，形式和内容也日趋丰富多样。因此，在闽台青交往交流样板建设的研究是完善两岸青年交流机制的重要一环。

2.实践意义

第一，闽台两地青年交流交往的示范样板建设研究可以为两岸青年交流合作提供实践指导，深化两岸关系的和平发展。闽台两地青年交流交往的示范样板建设，有助于在实践中准确理解和把握相关部门对台系列重要讲话精神和对台政策，并且在实践中进一步贯彻落实。首先，示范样板的建设将促进两岸青年的互动与交流。通过组织各种形式的活动，如文化交流、学术研讨、体育比赛等，让两岸青年有机会面对面交流，了解彼此的文化、历史、社会制度等方面，增进相互理解和信任。这种互动与交流有助于打破两岸之间的隔阂和误解，为两岸关系的和平发展奠定坚实的基础。其次，示范样板的建设将推动两岸青年的合作与发展。在交流的过程中，两岸青年可以共同探讨彼此关注的热点问题，分享各自的经验和见解，寻找合作的机会和途径。通过加强两岸青年在经贸、科技、教育、文化等领域的交流与合作，可以促进两岸经济互补优势、互利共赢，推动两岸经济文化交流合作向更深层次、更宽领域发展。同时通过交流合作，能够促进两岸青年的个人成长和进步。最后，通过两岸青年交流交往的示范样板建设，我们可以向外界展示两岸关系和平发展的积极成果和良好形象，增强国际社会对两岸关系和平发展的信心和认可度。这将有助于推动两岸关系的和平发展走向更加广阔的前景。总之，通过对福建区域的研究，我们可以更好地了解在闽台青的需求、特点和发展趋势，从而为他们提供更加精准的交流与合作方案。这样的研究不仅能够为两岸青年搭建起更加紧密、深入的交流平台，更能够提高两岸青年交流的效果，为两岸关系的和平发展注入新的动力。

第二，闽台两地青年交流交往的示范样板建设研究可以探索两岸青年交流交往的新模式与新途径。在新时代背景下，两岸青年的交流交往面临着新的机遇与挑战。通过建设示范样板，可以积累实践经验，总结成功案例，通过对示范样板的总结和推广，可以为两岸青年交流合作的开展提供具体的路径和方法，促进两岸青年在教育、就业、创业等领域的深度合作，推动两岸经济社会共同进步，为未来的两岸青年交流交往提供有益的借鉴与参考。同时，建设示范样板也可以推动两岸青年交流交往的多元化与常态化，使其更好地服务于两岸关系和平发展的大局。随着两岸关系的和平发展和经济社会的不断进步，两岸青年交流合作的重要性日益凸显。通过建设示范样板，可以为两岸青年交流合作提供可借鉴的经验和模式，推动两岸青年交流合作的深入开展，增进两岸青年的相互了解和信任，为两岸关系的和平稳定和发展繁荣作出积极贡献。

## 二、文献综述

两岸青年交流是推动两岸关系和平发展的重要力量。随着两岸关系持续稳定地发展，近年来，两岸青年交往交流越来越深入，两岸青年的交往内容，交流平台、合作领域，人员规模都不断延伸和扩大，当前，学术界对于两岸青年交流的研究也逐渐增多。

### （一）现有研究成果综述

第一，关于两岸青年国家认同方面的研究。部分学者通过问卷调查和深入访谈的实证方法，分析台湾青年世代对于两岸关系的认知，以及所反映出来的态度的变化情况。研究显示受到岛内"台独"势力的宣传和影响，当代台湾青年在国家认同的问题上的态度具有矛盾性，一部分年轻人的认同受到扭曲，提出应该通过以交往促进了解，以了解增进理解，进而消除误解，走向和解，再慢慢迈向融合与统一①。也有学者从领土认同、民族文化认同以及制度认同三个维度对台湾青年的国家认同情况进行了剖析，指出以融合发展的理念，重塑国家认同的过程②，分析目前台湾青年世代国家认同的状况、台湾青年世代"国家认同"错位的原因，并且从丰富交流形式、落实惠台政策、立足大陆发展③等方面提出了对策建议。学者们通过实证分析方法得出结论，即大陆青年具有自觉的政治立场，对两岸关系以及台湾各领域具有广泛兴趣④。

第二，关于两岸青年交往交流现状方面的研究。这方面的研究比较广泛多样，主要是围绕两岸青年交流领域、交流模式、交流平台、交流成效、交流困境等方面进行研究。有研究人员分析了在教育领域两岸的交往交流，同时着重分析了台湾青年与大陆合作的基本情况、意愿、满意度及发展前瞻，通过探讨两岸青年教育交流现状及其未来趋势，指出教育融合发展的重要性⑤。也有研究人员基于问卷调查基础上，分析描述了台湾青年赴大陆交流、就业、创业、定居意愿，从台湾、大陆、两岸关系等角度剖析影响台湾青年赴大陆就业创业意愿的因素，包括福建促进台青就业创业的做法和成效、台青来闽就业创业面临的困境及对

---

① 黄继朝.从政治文化的变迁看当代台湾青年的认同问题[J].青年探索，2014,(01)：27-31.
② 石勇.台湾青年"国家认同"的三维审视[J].台湾研究，2019,(03)：45-52.DOI：10.13818/j.cnki.twyj.2019.03.005.
③ 杨静茹.台湾青年世代国家认同问题研究[J].福建教育学院学报，2018，19(01)：25-29.
④ 阎立峰，张晓娴，张燕萍.祖国大陆青年对于涉台议题的认知与态度研究[J].台湾研究，2023,(04)：88-99.DOI：10.13818/j.cnki.twyj.2023.04.003.
⑤ 杨文军.两岸青年学生教育交流现状及动态分析[J].统一论坛，2020,(01)：51-54.DOI：10.13503/j.cnki.reunification.forum.2020.01.016.

策①。学界同时关切以中华文化为纽带、促进两岸青年心灵契合是两岸青年融合发展的重要方式②,归纳两岸青年融合发展的现状,同时,就如何发挥妈祖文化在增进两岸青年文化认同,形成重大驱动力提出三个新思路③。部分学者重点分析了新时代台湾青年对两岸交流的认知现状以及政治世俗化对台湾青年的两岸交流认知的影响,从微观视域对两岸青年文化交流交往进行了梳理,在此基本上提出了前景与展望。

第三,在促进两岸青年交往交流路径、对策方面的研究。有学者指出相比于两岸的经贸交往,两岸青年的交往仍相对薄弱,基于网络传播视角提出了"平台+共性"的两岸青年整合的新方式基础上,提出了增强两岸青年认同的"价值""文化""社会""制度"四条路径。④学界从海峡两岸青年构建群体认同的条件出发,提出了"依托同源文化""把握发展机遇"⑤等四条建议,提出了两岸青年融合发展的困境及其化解思路。部分学者以"文化治理"为路径审视当前的两岸青年互动与交流助力与掣肘,促进两岸融合⑥。也有研究人员以福建为视角,聚焦区域特点,提出了突出产业引才、升级平台载体、强化惠台政策、完善保障

---

① 陈丽霜.海峡两岸融合发展示范区建设背景下扩大台湾青年来闽就业创业研究[J].海峡科技与产业,2023,36(11):22-24+69.
② 皮婷婷,阮晓菁.以中华文化促进两岸青年心灵契合——以福建省为例[J].海峡科学,2019,(09):27-31.
③ 李聿财,郑逸芳,许佳贤等.妈祖文化对两岸青年融合发展的影响研究[J].海峡科学,2019,(09):32-35.
④ 许智超,何溢诚.网络传播视域下的两岸青年融合发展[J].中国青年社会科学,2019,38(03):49-56.DOI:10.16034/j.cnki.10-1318/c.2019.03.008.
⑤ 舒旭,牛俊伟.群体认同视域下深化海峡两岸青年交流的路径研究[J].山东省社会主义学院学报,2021,(02):61-68.
⑥ 能武.两岸青年互动与交流的助力与掣肘:以文化治理的观点[J].统一论坛,2020,(06):64-66.DOI:10.13503/j.cnki.reunification.forum.2020.06.017.

机制等对策，吸引台青到闽就业创业。

第四，关于大陆对台湾青年的政策研究。相关研究人员分析了大陆对台湾青年政策的主要内容及其特征与影响，以问卷调查和访谈的形式，得出了台湾青年对福建生活和发展环境、对福建发展环境、对福建惠台政策的评价的一系列结论，聚焦不同地区的区域性特征，有针对性地分析某个区域对台湾青年就业创业政策的内容、问题和对策。

此外，还有部分专家学者在关于两岸重大事件、重要运动、重要人物、重要关系等方面研究，这些研究既对于在闽台青交流交往示范样板建设的研究提供了宝贵史料，也提供了一系列新视角新观点。

## （二）既有研究述评

通过对两岸青年交流交往议题的文献检索和研究分析，可以发现，当前学者普遍认同两岸青年的交流交往对于两岸融合发展意义重大，因此专家学者们基于不同的研究方向、研究内容，采取不同的研究方法对两岸青年的交流交往进行了研究。不可否认的是，这些研究在两岸青年的国家认同、两岸青年交流交往的现状、困境和应对措施方面都取得了不错的研究成果，为进一步加强两岸青年交流与合作提供了一定的理论指导。同时，在关于两岸青年交流交往的研究方面，还存在诸多需要进一步深入研究之处。

第一，对两岸青年交往交流的研究数量需要增加。在涉及两岸交流与合作方面的研究,大多数学者都是集中于两岸经贸交流、文教交流,或者是对两岸事实进行点评分析。当前,在实践上,两岸青年的交流交往活动活跃,成效显著,但是相关的理论成果并不丰厚,仍具有很大的研究需求和研究空间。同时,对两岸青年的研究成果主要是以学术论文、网络时评为主,而系统的著作比较少见。

第二,对两岸青年交往交流研究深度和广度有待进一步提升。一是现有研究更多是对当前两岸青年交流交往的现状、困境和对策分析,对于两岸青年交往交流的深层次的因素的关注较少,比如文化认同、政策环境、社会心理等方面的共性与差异,而这些因素是理解两岸青年交往交流的内在机制和动力,对于两岸青年的相互认知、理解和接纳具有重要影响。二是现有研究对于交流的内容主要集中于教育、就业和文化方面,在科技交流、体育交流、艺术交流等领域方面的研究较少,不足以全面了解两岸青年交往交流的实际情况。三是对两岸青年交流交往历史、梳理两岸青年交流的发展历程和经验教训的研究尚需丰富。四是对于两岸青年交流交往的历史演变、发展趋势等进行系统梳理和分析仍然偏少。此外,当前的研究方法主要是定性研究、文本研究,在加强两岸青年交往交流的实证研究方面还有待提高。

第三,缺乏对相关理论的挖掘与应用。现有的研究成果大多数是分析两岸青年交往交流的新形势、新动态、新问题。但是鲜有从青年理论、交往理论、国家统一理论等理论方面为研究提供理论支撑,这种局面在一定程度上限制了我们对两岸青年交往交流的深入理解和有效应对。

第四，对两岸青年交流交往的区域性研究较少，尤其是关于闽台青年交流交往的研究尚显薄弱。近年来，福建作为对台工作的前沿阵地，在闽台青年交流合作方面实践逐步探索形成了一系列具有地方特色，同时对其他地区具有借鉴价值的工作机制，但是学术界对此缺乏专门性的研究。

针对以上情况，本研究拟从以情促融的视角出发，对在闽台青交流交往示范样板建设展开研究。通过深入研究闽台青年交流交往的现状，分析闽台青年交流促进两岸情感融合的效果、前景，提出相应的对策建议，旨在增进两岸青年情感交融、推动两岸和平发展，为实现祖国统一提供有效建议和可行的方案。

## 三、研究内容与研究方法

### （一）研究内容

本书主要围绕闽台青年交往交流为主题，对在闽台青交流交往示范样板建设进行研究。整体内容分为绪论和正文两大部分。绪论部分主要介绍了文章的选题背景和意义、研究现状、论文结构以及研究方法；正文部分即本论文的主体部分，主要分为以下四个部分：第一部分对相关概念及其政策进行界定；第二部分阐述了闽台青年交流的现状与成效；第三部分阐述闽台青年交流促进两岸情感融合相关内容；第四部分探讨深化闽台青年交流促进情感融合的对策；第五部分对在闽台教、台商等进行个案研究分析。

## （二）研究方法

1. 文献研究法

充分利用图书馆、互联网来获取闽台青年交往交流方面的文献资料，包括深入学习和汲取马克思主义关于青年交往和国家统一理论精髓，从马克思主义中汲取智慧；梳理相关对台重要讲话精神以及学习国家出台的相关对台政策，在此基础上，提出具体的方法路径；阅读两岸青年交往交流的史料，为研究在闽台青交流交往示范样板路径提供史料依据和经验借鉴。

2. 观察法、访谈法

一是积极接触与闽台青年交流相关的政府部门、重要的青年社团组织以及相关的媒体，以便更深入地了解闽台青年交流的基本情况和机制建设的现状；二是实践参与闽台青年交流活动，比如学术会议、联谊活动等等，同时对相关活动的组织者、参与者进行访谈，了解闽台青年交流活动的主题、内容及成效，了解其中的优势和不足，针对不足之处询问参加人员对促进闽台青年交流的意见和建议，为两岸青年交往交流机制的构建和完善、进一步推动闽台青年交往提供有益的参考。

3. 跨学科研究法

闽台青年交流研究涉及政治学、历史学、哲学、传播学等多个学科。比如通过政治学的研究视角，洞察闽台两地青年交流背后的政策推动与官方互动，分析这种交流如何影响两岸关系的政治格局和地缘政治动态。历史学则提供了青年交流的历史脉络，帮助我们理解这一现象的起源、发展和变迁，以及它在两岸关系史中的定位。哲学则引导着青年们思考人生意义、价值观念和道德伦理，为两岸青年的心灵沟通搭建桥梁。传播学在闽台青年交流研究中扮演着重要的角色，它关注信息、文化和价值观如何在两岸青年之间传播和交流，分析媒体、网络和社会文化现象对青年交流的影响。随着社交媒体和互联网的普及，传播学在促进两岸青年交流方面发挥着越来越重要的作用。

4. 定性分析法

通过对闽台青年交流机制建设的现状及其成效进行深入剖析，通过这种方法，我们可以更加清晰地理解闽台青年现有的交流机制的运行逻辑，以及机制中各个组成部分之间的相互关系。通过定性分析法，可以发现该机制建设过程中所存在的问题及其根本原因，并为改进和完善这一机制提供科学依据，构建闽台青年交流。

5. 概括归纳法

结合闽台青年交往交流的当前状况，运用文献研究法、跨学科研究法、定性分析法等多种研究方法所得出的成果，深入剖析当前闽台青年交往交流中的独特优势及存在的不足之处，在此基础上探讨深化闽台青年交流促进情感融合的路径，并系统归纳形成具体的建议措施。

# 第一章

# 概念界定及相关政策

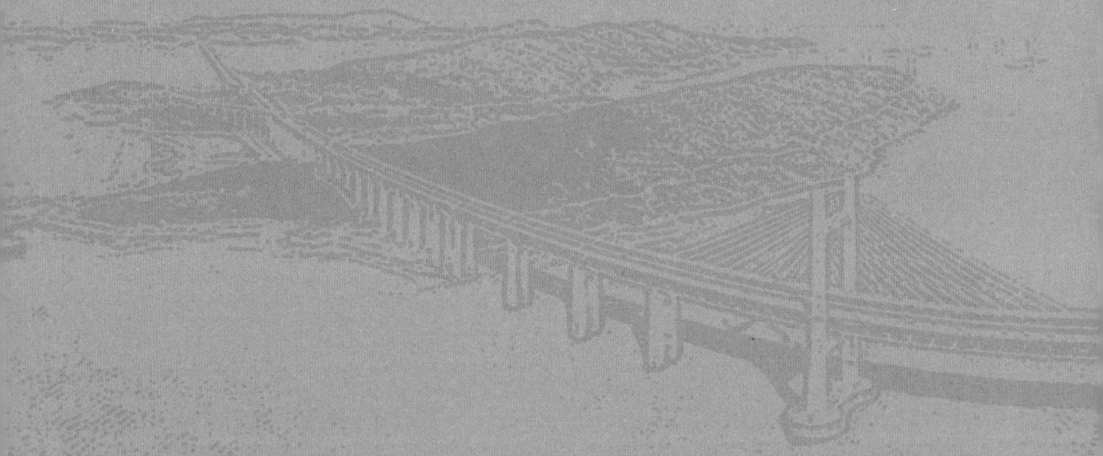

# 第一节　概念界定

## 一、青年

### （一）"青年"的定义

"青年"既是一个历史的范畴，也是一个现实的范畴。从社会群体关系来看，"青年"是社会群体当中的一个特殊群体，从人的生命历程和生命状态来看，"青年"是人生中一个独立、特殊阶段。当前，关于青年的定义和概念还存在一定的模糊性，这是由于不同的社会文化、制度、经济和政治因素，不同国家和地区对青年的实际定义和理解存在着细微的差别，同时，随着政治经济和社会文化环境的变化，青年的定义也一直在变化。因此，当前在不同的语境下，青年的定义存在差异。当前，国际社会上最为普遍的一种方式是从年龄上对青年进行定义。联合国对于青年定义是介于15岁与24岁之间的群体；世界卫生组织确定青年人为14至44岁；我国《中长期青年发展规划（2016—2025年）》指出青年是14—35周岁，但《中国共产主义青年团章程》

规定可以加入中国共青团的年龄标准为 14 周岁以上 28 周岁以下；国家统计局将 15 至 34 岁界定为青年；青年联合会则将 18 至 40 岁界定为青年。可以看出，不同官方组织在年龄上对青年的界定也存在差异。

此外，学术界关于青年的定义也存在争议，学术界关于青年的定义主要包括以下几个方面。第一，部分学者把年龄作为定义"青年"的主要依据。他们主张青年应该是一个具体的年龄段，这个年龄段的人具有特定的生理和心理特征，处于生命的旺盛期，具有活力、创新和探索精神，这些特征使得他们成为社会的中坚力量。如张良驯认为，年龄是区分青年与非青年的本质属性。这一本质属性决定了青年的其他属性[1]；黄志坚认为，科学界定青年年龄是实属必要的，也可以看到其把年龄视为界定青年与非青年的标准[2]。第二，有学者否定以年龄作为界定青年的主要依据，从后现代语境出发，他们认为年龄只是一个相对的指标，青年的本质不应该拘泥于年龄，更不应该只由年龄来决定，而是要强调青年群体的生命状态与人生态度。认为在当下，虽然年龄作为一种具有调节功能的强制性的指标，但是，即使是同一年龄段的个体，所生存和经历的经济、政治和文化条件不具有完全的共同性，在衡量个人的人生发展的历程来说，年龄仅仅是作为一项表层指标，而深层指标则是社会结构和文化模式所规定的个体的权利和义务体系。在现代社会，年龄的社会标志性功

---

[1] 张良驯.青年概念辨析[J].青年学报，2018,(04)：48-55.
[2] 黄志坚.谁是青年?——关于青年年龄界定的研究报告[J].中国青年研究,2003,(11)：32-42.DOI: 10.19633/j.cnki.11-2579/d.2003.11.009.

能渐趋于弱化。① 第三，有观点认为应当更多地关注社会历史条件对青年概念形成的作用，青年与现实社会的实际联系、当前社会生产力和生产力的发展状况，与当代青年概念密切相关，是决定了当代青年概念内涵和外延变化的根本因素。② 第四，还有学者关注不同的学科从不同的角度对青年进行定义，基于实践的要求，我们可以从不同的角度去认识青年，包括青年学上的青年概念、生理学上的青年概念、心理学上的青年概念等等，这些概念虽然存在密切联系，但是它们是关于青年这同一事物的不同的概念内容，是基于不同学科的特定概念。③ 第五，有学者从一些更加具体的要求对青年进行了界定，比如，一部分认为"青年"的定义应更注重于精神层面，即青年应是一种具有创新、进取、独立思考和批判精神的人生态度的群体。这种人生态度包括一种对于未来的向往、一种对于社会变革的敏感和一种对于自我实现的追求，这种态度不仅存在于年轻人中，也可能存在于年纪较大的人中。这种定义更加关注青年的内在特质和精神状态，而不是仅仅看重他们的生理年龄。还有一种观点是，青年的定义应当基于社会角色和责任。这种观点认为，青年是社会变革和发展的主要推动力量，他们应当是在推动社会进步、创新发展中能够承担起主要责任的那部分群体。这种观点把青年定义为一种社会建构，认为青年的定义应该反映出一个时代的价值观和期待，以及一个社会对于年轻人的期望和角色定位。因此，此类学者认为青年的

① 沈杰.后现代语境中青年概念的重构[J].中国青年研究，2018,(06):26-32.DOI:10.19633/j.cnki.11-2579/d.2018.0086.
② 李毅红.青年概念的当代阐释[J].北京行政学院学报，2007,(05):73-77.DOI:10.16365/j.cnki.11-4054/d.2007.05.014.
③ 刘维群.青年概念与青年本质之研究[J].青年研究，1988,(12):16-21.

定义应当包括他们的社会角色和责任，而不仅仅是年龄或精神特征。

综上所述，青年的含义在全世界不同的社会中是不同的，而青年的定义随着政治经济和社会文化环境的变更一直在变化。除了年龄范围，关于青年的定义还有从年龄衍生出来的其他的界定标准，比如，青年还可以被看作是一个具有创新精神、积极向上、有抱负和梦想的群体。他们对新事物和新观念持开放态度，愿意接受挑战并努力追求个人成长，青年也是社会发展的重要力量，他们在推动变革、创造进步和塑造未来方面发挥着重要作用。关于青年的定义，这些观点各有其合理之处，但也存在争议。因此，我们在理解和定义青年时，应当全面考虑各种因素，既要包括年龄、精神特征、社会角色和责任等个人因素等，也要结合社会发展的实际情况，考虑到教育水平、就业状况、生活态度等多方面因素，对青年的定义进行适当的拓展，只有这样，我们才能更准确地理解和描述青年。同时，我们应当以发展的眼光看待青年的定义，不断调整和完善我们的理解和认识，以便更好地为青年服务，促进他们的成长和发展，从而更好地发挥他们在社会发展中的重要作用。

本书写作的内容在于探讨在闽台青交流交往示范样板建设，这里的青年指代的是新时代的中国青年的一部分，因此，本文在界定青年的定义时，一是从相关文件出发，参考了《中长期青年发展规划（2016—2025年）》中对青年的年龄范围的划定，以及我国国家统计局在人口普查中对青年人口的数据统计，即青年在年龄上为15至34周岁。这一标准既体现了国家对青年群体的重视和关注，也反映了青年在社会、经济、文化等多个领域中的独特地位和作用，为我们在本文中研究和理解青年在推动两岸关系中的重要地位提供了重要参考。我国青年在人口总数中占有相当大的比例，根据第七次人口普查数据显示，我国目前处于这一年龄范围的青年人口数量达3.6亿，占全国总人口的26%。可以看到，这一年龄层次的人口在我国人口总数中占据了相当大的份额，蕴含着无限的潜力和创造力，在推进两岸和平统一的过程中，如何更好地培养和利用这一庞大的青年资源，是摆在我们面前的重要课题。二是站在新的历史时期，在国家发展和民族复兴的征程上，可以进一步地把青年称之为习近平总书记寄予厚望的"堪当民族复兴重任的时代新人"，也就是"青年中的青年"。因此，新时代的中国青年是指生理年龄为15周岁至34周岁，肩负中华民族伟大复兴历史重任的新时代青年。总之，新时代中国青年是在年龄上风华正茂，充满活力、在精神上生气勃勃，充满创新和探索的精神、具有强烈的责任感和使命感，能够积极投身社会发展，为国家和民族的进步贡献力量的群体。

## （二）"青年"的群体特质

"青年"的群体特质是指青年群体所独有的、与其他年龄人群相区别的显著特点。这意味着，青年特质反映的是群体的共性，而非个体的特性。它是用来界定和描述"青年"这一年龄群体的概念的。青年的特质往往反映出当下社会的风貌和未来的发展趋势。从历史的角度来看，最早对青年特征的研究出现在哲学领域。早在古希腊时期，柏拉图在其《理想国》中便描绘了青年人的教育理想，强调了青年人应具备的智慧、勇气和节制。黑格尔从人的精神发展角度揭示了青年所具有的特质，即自我表现、敢于追求、自我实现、利他主义等等。近现代以来，人们对青年特质的描述与时代特征紧密相连，随着社会变迁和科技发展，青年一代所展现出的特质也在不断地被重新定义和塑造。

在近代中国，青年所展现的特质与救亡图存、革故鼎新的历史使命紧密相连。在民族危机深重，国家前途未卜的历史背景下，中国青年展现出了前所未有的觉醒与活力。这一时期的青年特质更多地体现在对革命理想的追求和对社会变革的渴望上。他们勇于挑战旧有观念和制度，积极参与各种社会运动，努力推动社会进步，为国家和民族的独立与自由付出了巨大的努力。梁启超在爱国名篇《少年中国说》中是如此描述青年的：少年人如"朝阳"、如"乳虎"、如"侠"、如"大洋海之珊瑚岛"、如"西比利亚之铁路"、如"春前之草"、如"长江之初发源"。体现其对中国的青少年抱以最美好的期望。革命先驱陈独秀以美好的言辞对中国青年表达期许、勉励和赞誉："青年如初春，如朝日，如百卉之萌动，如利刃之新发于硎，人生最可宝贵之时期也。青年之于社会，犹新鲜活泼细胞之在身。"[1] 新中国成立后，青年特质开始与国家的建设和发展紧密相连。青年人被赋予了建设国家的重任，他们不仅要具备扎实的专业知识，还要拥有艰苦奋斗的精神和无私奉献的品质。在这一时期，青年成为国家建设的中坚力量，他们自力更生、兴国安邦，做到艰苦劳动、拼搏抗争，

---

[1] 陈独秀.敬告青年[J].当代青年研究，1989,（02）：32-35.

为国家的繁荣富强做出了重要贡献。到了20世纪末和21世纪初，随着科技的飞速发展和全球化的推进，青年特质再次发生了变化。现代社会的快节奏和多元化要求青年人具备更强的适应能力、创新能力和团队合作精神。同时，随着信息时代的到来，青年人还需要具备丰富的信息素养和跨领域学习的能力，以适应不断变化的社会需求。新发展阶段，青年特质进一步被赋予了新的内涵。在这个知识爆炸、技术革新的时代，青年人不仅要具备扎实的专业知识和技能，还要拥有开放的心态、批判性思维和全球视野。他们应该敢于质疑、勇于创新，努力成为引领社会发展的先锋力量。同时，面对日益严峻的环境问题和社会挑战，青年人还应该承担起保护地球、推动可持续发展的责任。随着社会的不断发展和进步，青年特质也在不断地演变和升华。从追求革命理想到建设国家、再到引领社会发展，每一个历史阶段都对青年人提出了不同的要求和期望。然而，无论时代如何变迁，青年人始终都是社会的希望和未来，他们的特质将决定着一个国家、一个民族、一个时代的命运和走向，"青年是整个社会力量中最积极、最有生气的力量，国家的希望在青年，民族的未来在青年。"[1]

第一，最富朝气，充满活力。"青年最富有朝气、最富有梦想。"[2]这是对新时代青年的一个基本定位。一方面。青年的朝气与活力来自内在的生理基础与心理基础。作为个人自我发展的重要阶段，青年时期是人生中最富有生命力、最具创造力的阶段。在生理上，青年时期是人生的巅峰时期，身体机能处于最佳状

---

[1] 习近平.在纪念五四运动100周年大会上的讲话[J].中国共青团，2019,(05):1-5.
[2] 中共中央文献研究室.习近平关于青少年和共青团工作论述摘编[M].北京：中央文献出版社，2017:4-8.

态。他们拥有更强的体力、耐力和恢复能力，使得他们有能力参与各种高强度的活动和挑战，这是自然赋予他们的优势，也是他们走向成熟、塑造自我、实现梦想的黄金时期。在心理上，青年时期也是心理发展的关键时期。一是青年的认知能力增强，他们的学习能力、好奇心以及分析和解决问题的能力都在逐步提高。他们对世界充满好奇，愿意探索新知识，这有助于他们更好地适应社会和未来的挑战。二是青年的自我意识增强，对自己的性格、能力进行深入思考，更加关注自我价值的实现，这种自我意识的增强有助于他们形成独立、自主的人格。三是青年思维更加活跃，接受新事物的能力更强，他们更富有好奇心和求知欲，愿意尝试新的事物，探索未知的领域。在这个过程中，青年的气质和性格基本形成，对未来向往和憧憬，满怀新鲜和活力。另一方面，青年的这种特质也来自外在的塑造与影响。新时代青年生长在一个繁荣昌盛、科技进步、信息爆炸的时代，拥有前所未有的机遇和挑战。新时代的中国经过几十年改革开放的快速发展，前所未有地靠近世界舞台中央，成为引领全球发展的重要力量[1]。新时代青年是改革开放的见证者，目睹了新中国从富起来到强起来的历史性跨越，新时代青年也是改革开放的受益者，国家的发展赋予了他们前所未有的机遇和广阔的奋斗舞台。同时，新时代的中国，正处在一个由大国向强国迈进、实现中华民族伟大复兴的关键时期，青年一代肩负着承前启后、继往开来的历史重任。时代赋予了他们重大责任，他们则以担当与勇气回应时代的召

---

[1] 朱新秤.把握新时代青年的特征与需求[J].人民论坛，2023，(09)：28-31.

唤，因此，青年是经济社会发展中充满朝气的新生力量[1]，既立足现实，也面向未来，以其独有的活力和创新精神，推动着社会的进步和发展。

第二，知识丰富，思想多元。新时代青年生活在知识流动、生长突破时空限制、信息壁垒被打破的时代，知识权威逐步消解。[2] 当代青年不再被传统的知识体系和权威观念所束缚，而是在广阔的信息海洋中自由探索，不断自主构建属于自我的知识体系。一是教育资源不断丰富。当前，我国的教育规模已经位居世界首位，新时代的教育体系为青年提供了更加广泛和深入的学习资源，不仅仅包括传统的学校教育，还出现了网络教育、社会教育等多种教育方式。这使得青年能够接触到更多的知识和信息，开阔视野，增长见识。二是信息的获取更加便利。最明显的是互联网的普及和发展使青年可以轻松地获取全球范围内的信息和资讯。比如通过社交媒体、新闻网站、在线课程等渠道获取多样化的知识和观点，从而形成更加多元的思想和认知。三是社会环境的逐渐开放。新时代的社会环境更加开放和包容，鼓励青年表达自己的想法和观点。这种开放的社会氛围为青年提供了更多的思考和探索空间，使得他们的思想也更加多元和开放。这一特点不仅有助于青年更好地适应复杂多变的社会环境，增强自己的竞争力和创新能力，而且，还有助于他们形成更加全面和深入地认识和理解，促进个人成长和发展。最重要的是，这有助于青年更好地参与社会事务和公共决策，推动社会的进步和发展。不可否认

---

[1] 张良驯. 青年特征探析[J]. 北京青年研究，2022，31（02）：5-11.
[2] 贺军科. 如何做好新时代青年工作[J]. 中国共青团，2020，（11）：2-5.

的是，青年思想的多元性帮助从多个角度去理解和认识世界、面对问题与挑战时，提出新的观点和看法。但是，在多元思想环境中，保持独立思考的能力，不被各种信息所左右，是青年需要面对的一大难题。同时，多元的思想也容易导致价值观的混乱和迷茫，使得青年们在选择人生道路时感到困惑和不安。这要求在做好青年工作时，要增强青年的辨别能力和批判思维，避免其盲目跟风和极端化倾向。

第三，开放包容，自信自强。新时代青年秉持开放包容的态度，注重自信自强的精神，以实际行动推进社会进步。首先，全球化时代背景，为我们提供了观察和理解青年特征的新视角。全球化不仅推动了各国间的经济交流和文化融合，还在更深层次上影响了青年一代的思想观念和行为方式。从全球化的视角来看，新时代青年群体展现出前所未有的开放性和包容性。他们借助互联网等现代科技手段，轻松地跨越国界，接触和学习多元文化和思想，通过跨文化的交流，新时代青年更加开放，对不同的事物持有更加包容和尊重的态度，这不仅使他们的视野更加开阔，思维更加活跃，还帮助他们在国际舞台上更加自信地展现自己，更好地应对各种复杂情境。其次，国家发展取得的成就为新时代青年注入了开放包容的勇气与自信自强的底气。青年在走出国门的同时用世界语言讲述中国的故事，展示真实生动的中国形象。这种自信来源于国家实力的强盛、民族自信的提升，来源于民族深厚的文化底蕴，更来源于新时代大国青年的自觉和担当。再次，随着社会主义民主法治进程的持续推进，当代青年的价值观和思维方式展现出更加开放包容、自信自强的特质，他们积极发声、主动参与社会事务，展现出强烈的责任感和使命感。他们关注国家大事，关心社会民生，愿意为推动社会进步贡献自己的力量。比如，诸多青年充分利用网络平台等渠道，就环境保护、教育改革、社会公平等议题积极参与公共讨论，表达自己的观点和看法，努力为这些问题的解决贡献自己的智慧和力量。同时，用实际行动践行社会责任，他们通过参与志愿服务、社区建设、公益慈善等各种公益活动，将个人的理想追求与社会的实际需求相结合，实现自我价值与社会价值的双重提升。最后，在科技飞速发展的今天，青年一代展现出敢于探索、敢于实践的精神。他们不再满足于传统的模式和框架，而是摆脱传统观念的束缚，敢于挑战权威、突破界限，勇于探索未知，积极追求个人价值的实现。

第四，独立思考，敢于批判。这主要表现在当代青年崇尚个性、追求独立，热衷于发掘自我、展现自我，勇于对既有观点提出质疑，不畏权威，不愿随逐流，[1] 开始形成自己的世界观和价值观。在互联网时代，信息的获取和传播变得前所未有的便捷，但这也带来了信息泛滥、真伪难辨的问题。一方面，面对纷繁复杂的信息和多元的观点，青年能够通过独立思考筛选出真实、有价值的内容。他们不满足于简单地拒绝或者盲目地接受，不被舆论所左右，而是选择用批判的眼光去审视，根据自己的思考和判断来决定取舍。这种独立思考的能力，使他们能够更深入地理解问题，更全面地看待事物。另一方面，青年对周围事物独立思考要求青年敢于质疑，敢于批判。因此，这种敢于批判和质疑的精神，正是当代青年独立思考的必然结果。他们的批判和质疑不仅

---

[1] 贺军科.如何做好新时代青年工作[J].中国共青团，2020,(11)：2-5.

体现在对知识的探索上，更体现在对社会的关注和对自身的反思上。他们不满足于现状，不盲目跟从，而是勇于提出自己的见解和主张。他们敢于挑战传统观念，勇于打破陈规陋习，用创新的思维去引领潮流，用独立的行动去改变世界。在独立思考和批判的过程中，青年们开始关注社会问题，积极参与公共事务，他们敢于发声，勇于表达，对不合理现象敢于提出挑战，同时，这种独立思考和批判精神也促使青年更加关注自我成长和内心世界的探索，推动他们开始反思自己的行为和价值观，并且不断调整自己的世界观和人生观，力求成为更加完整、更加真实的个体。因此，青年一代通过独立思考和敢于批判的精神，正逐渐塑造出一个更加理性、开放且富有深度的社会氛围。

此外，新时代青年具有广泛的社会影响力，可以说扮演着"路由器"节点的角色。目前，青年群体的话语权正在逐渐提升。特别是居住于一二线城市的新兴青年群体，成为网络舆论的主要发起者和参与者。新兴青年群体由于本身的知识储备、工作属性和社会需要，是与新媒体接触最为亲近的群体，这使得他们成为社会思潮的"扩音器"，具有集散思想文化的软实力和引导社会舆论走向的潜力，是社会文化发展的重要推动力量。需要明确的是，青年的这些特质并非自然而然就能得到发挥和体现，而是需要社会的支持和引导。为此，社会应该为青年提供更多的机会和平台，以便他们能够充分发挥自己的特质并实现自己的梦想。同时，社会也有责任对青年进行正确的引导和教育，帮助他们树立正确的价值观，明确自己的人生目标。

在推进闽台青交流交往示范样板建设研究的过程中，要求我们充分考虑两岸青年的特点和需求，充分发挥两岸青年的作用，综合上述对青年定义和青年特质的分析，将为我们在后续的研究提供了有益的视角和重要的参考。

## 二、"在闽台青交流交往"的核心要义

在闽台青是指那些在福建地区生活、求学、实习、就业或者创业的台湾青年。根据相关数据统计，目前福建已经开放了36所高校对台招生，近年来每年均有千余名台湾学生在我省高校就读，福建也是全国唯一试点开展高校单独对台招生考试、依据台湾统测成绩招生的省份。在福建就读的全日制台生占到全国的1/6，推动70多所高校与台湾110多所高校建立合作协议，达成了200多个合作办学项目，联合培养技术技能人才2.4万多人。在支持台胞来闽就业方面，福建已直接采认台湾职业资格45项，累计吸引台湾青年来闽实习、就业创业超过4万人。

台湾青年们在福建求学、创业、就业，是两岸青年交流交往的一个缩影，不仅为福建的经济社会发展注入了新的活力，也架起了两岸青年交流的桥梁。在闽的众多台湾青年展现出了卓越的才能和创新精神，在各自的领域中脱颖而出，成为推动两岸交流合作的重要力量。他们不仅在福建找到了归属感和成就感，也为两岸关系的和平发展贡献了自己的智慧和力量。截至目前，在闽台湾青年中，已涌现出福建省台湾青年"创业之星""福建省青年五四奖章获得者""省杰出青年教师"等典型案例，[1] 既显示出

---

[1] 尚光一. 促进台湾青年在闽就业创业策略探析[J]. 福州党校学报，2021，(04)：48-52.

在闽台湾青年在就业创业、社会贡献和个人成长等多方面的卓越表现，也充分展现了福建对台湾青年的吸引力和包容性。

"交流"一词在《现代汉语词典》中被解释为"彼此把自己有的供给对方"，在《辞海》中解释为"人际沟通"。"交往"一词在《现代汉语词典》中解释为"互相来往"，在《辞海》中也同样解释为"相互往来"。可以看出，"交流"和"交往"的区别在于，前者更多地强调信息的传递和思想的沟通，侧重于表达上的沟通，而后者则更强调人际关系的建立和维护，侧重于行动上的实践。亚里士多德在《修辞学》一书中表达了沟通交流的重要性，他认为，有效的交流不仅是信息的传递，更是一种说服和理解的艺术。目前，关于"交流"的定义的理解，大致可以划分为两大派，即"说服派"和"共享派"。前者认为，交流就是指信息的发送者通过各种中介方式把信息传递给信息的接收者，由此引发接收者内心的变化，并进一步改变接收者行为的一个过程；在共享派学者的观点中，交流的主要目的是实现信息的共享，也就是将原本是由一方独占的信息转化为双方共同拥有、共同使用。因此，交流的过程可以被视为将一个人或多个人所掌握的信息，转化为两个人或更多人共同拥有的信息的过程。① 关于"交往"一词，马克思在《致帕·瓦·安年科夫的信》中，提到了"交往"一词："为了不致丧失已经取得的成果，为了不致失掉文明的果实，人们在他们的交往（commerce）方式不再适合于既得的生产力时，就不得不改变他们继承下来的一切社会形式。"② 在这里，马克思强调的是，生产

---

① 谭自强. 图解跨文化交流学[M]. 北京：世界图书出版公司，2010：14.
② 马克思恩格斯选集：第4卷[M]. 北京：人民出版社，2012：409.

力发展到一定阶段，就需要人们变革生产关系，以推动生产力的发展，突破发展的桎梏，而人们突破这种桎梏的行为就是交往行为。此外，哈贝马斯在其著作《交往行为理论》中明确对"交往行为"进行了描述："交往行为"是指"至少两个以上具有言语和行为能力的主体之间的互动，这些主体使用口头的或者口头之外的手段，建立起一种人际关系"，"交往行为，是参与者在通过交往达成的共识基础上，把自己的行为计划毫无保留地协调起来"。① 从中得知，在哈贝马斯看来，在交往行为中"语言"是不可或缺的。

综合上述分析，本文涉及的"交流交往"是把"交流""交往"结合起来，主要是指个体与个体之间、个体与群体之间或者群体与群体之间，通过各种渠道，利用语言、文字符号或者其他形式进行信息的传递、互动与共享。在这个过程中，信息的传递者和接收者进行情感、态度、知识、技能等资源方面的交换，使得信息接收者心理层面发生变化，引起情感的共鸣，进而影响和改变其行为方式。值得注意的是，交流交往是一个双向互动的过程，双方既是信息的传递者，也是信息的接收者。

通过上文对"在闽台青"和"交流交往"概念的界定，可以进一步明确：

"在闽台青交流交往"主要是指年龄分布在15周岁至34周岁、在福建生活、学习、工作的台湾青年群体与大陆青年群体之间通过信息互动、资源共享、情感沟通、思想碰撞等，以达成共识的过程。具体来说，在学习上，主要是指台湾青年通过到福建

---

① （德）尤尔根·哈贝马斯.曹卫东译.交往行为理论：第1卷[M].上海：上海人民出版社，2018：9.

参加研学活动、参加学术论坛和学术沙龙与大陆青年探讨学术前沿问题、分享研究成果、增进了解。或者他们通过夏（冬）令营、短期交换生、考入福建高校等各种方式，与大陆学生一起生活、学习，体验大陆的教育模式和学习氛围。在就业创业方面，主要是指台湾青年充分利用两岸交流日益密切的机遇，以及大陆对台青创业就业政策的扶持，通过参与各类交流项目、实习计划，不断深化对大陆经济、文化、社会的了解。同时有部分台湾青年结合自身专业特长和职业规划在福建找到了合适的就业岗位，或者是选择在福建创业，将台湾的先进理念和技术带到大陆，与福建的市场和人才资源相结合，共同推动两岸经济社会的发展。在生活方面，主要是指台湾青年通过参观旅游、联谊活动、文化交流活动、文体竞赛等多种形式，深入体验大陆的生活与文化。在这个过程，在闽台青进一步增进了对大陆的理解与认同。

在闽进行交流交往的青年群体主要包括青年学子、青年精英、基层青年等等。两岸青年的交流交往活动主要是由福建当地政府部门、高校、社会团体、民间团体组织策划的，内容主要聚焦于教育、就业、历史和文化等领域。此外，也有部分活动是由青年个体自发组织和进行的。

## 三、"示范样板建设"的核心内涵

"示范"在《辞海》中被解释为做出标准的动作、样子等供人学习，"样板"则比喻学习的榜样。可以看出，示范是一种直观的展现，通过具体的行动或形态，给予他人明确的指导，告诉他们应该怎样做、如何模仿；而样板则是经过时间和实践检验后，被认为是值得学习和效仿的典范，它代表了一种理想的状态或标准。可以说"示范"与"样板"在本质上都发挥着引领和启迪的作用。因此，"示范样板建设"可以概括为在某个领域或行业中，通过创建一系列具有代表性、引领性和可复制性的优秀项目或者案例，同时将这些优秀的经验、技术和管理模式进行集成和展示，为其他项目或单位提供借鉴和参考。通过示范样板的建设，能够有效地传递先进理念，推广成功经验，激发创新活力，以推动某一领域或行业的整体发展和提升。

"在闽台青交流交往示范样板建设研究"基于福建对台独特优势和先行示范作用，将闽台两地青年的交流交往作为重要领域，围绕教育、文化、科技、创业等领域，为打造一系列具有代表性和实效的示范项目提出对策与建议。在促进闽台两地青年的互动与合作的同时，为大陆其他地区提供可借鉴和应用的模式。

## 第二节 相关理论基础

马克思主义青年观是马克思主义者在探讨青年问题时所形成的重要观点和思想体系。马克思、恩格斯在考察、研究和开展青年工作时，不断吸收和借鉴前人关于青年理论的宝贵思想遗产，运用辩证唯物主义和历史唯物主义的观点，深入阐述无产阶级青年在推动社会变革中的历史地位和重要使命，指出青年要全面发展，树立为全世界无产阶级的解放和全人类的解放而奋斗的远大理想[①]。马克思主义传入中国后，中国共产党人根据实际情况，在做好中国青年工作的过程中继承、丰富和发展了马克思主义青年观，形成了中国化的马克思主义青年观。社会在历史激流中前进，时代在持续变迁中演进。每个时代的青年都深受其所在时代的影响，身上烙印着鲜明的时代特征，肩负时代赋予的历史重任。闽台青年交往交流，其主体在于两岸青年，因此，做好闽台青年的工作是其中一个至关重要的方面。中国化的马克思主义青年观在保留马克思恩格斯解释的青年工作的基本规律的同时，又结合世情、国情和党情的变化，赋予了其新的内涵，提出了新的路径。马克思主义青年观为闽台青年交流工作提供了理论基础和指导原则，深入理解和把握马克思主义青年观，是做好闽台青年交流工作的重要前提。

## 一、马克思主义经典作家的青年观

### （一）马克思恩格斯青年观产生的时代背景

马克思和恩格斯对青年的认识以及关于青年问题、青年工作的系统思想理论，源于他们对18世纪西欧资本主义社会存在问

---

① 赵英杰, 张雷. 马克思恩格斯青年观的核心要义及时代启示[J]. 北京科技大学学报（社会科学版）, 2023, 39（05）：523-530.

题的批判与反思,并且在领导工人阶级进行社会主义革命实践的过程中不断丰富发展。因此,马克思恩格斯青年观的产生不仅具有鲜明的时代特色,而且体现出了浓厚的阶级烙印。把握马克思恩格斯青年观产生的时代背景,就要深入研究马克思恩格斯所处时代青年的境遇。

1. 资本主义生产方式激化了阶级矛盾

随着工业革命的深入发展,资本主义生产方式迅速在全球范围内扩张,推动了巨大的经济繁荣。然而,这种繁荣的同时,也加剧了社会的分裂和阶级的对立。第一次工业革命后,资本主义开始大规模使用机器生产,进入了机器大生产时代,机器工业代替了传统的工厂手工业。资本主义采用劳动雇佣制,手工业者转变成工厂工人。随着资本主义生产方式逐渐确立,资本家为了榨取更多的剩余价值,不断加强对工人的剥削。他们通过延长工作时间、提高劳动强度、降低工资等手段,迫使工人在恶劣的条件下进行劳动。尽管资本主义生产方式在某种程度上提升了生产效率,极大地促进了资本主义生产力的发展,但也使工人群体陷入了长时间和高强度的劳动之中,使工人在物质上困顿不堪,在精神上饱受折磨。资本家通过掌握生产资料,无限制地剥削劳动者的剩余价值,积累起巨大的财富。这种不平等的分配关系导致了社会财富的两极分化,一方面是一小部分人掌握着大量的社会财富,另一方面是大多数人陷入贫困的境地。与此同时,资本主义生产方式持续引发经济危机,导致工人阶级承受更多的失业、贫困和社会动荡的压力。工人阶级与资产阶级的矛盾不断激化。在这样的背景下,马克思恩格斯在思考工人阶级问题的同时,也逐步关注到了青年问题。

2. 资本主义制度造成了青年的生存和发展困境

在资产阶级的教育体系和劳动要求的影响下，资本主义社会的青年群体的生存发展出现了"异化"现象。从教育层面来看，一方面，随着资本主义生产力的发展和世界市场的迅速扩张，资本家对廉价劳动力的需求日益扩大，为了占据庞大的劳动力市场并最大限度地节约成本以攫取最大利益，资本家迫使妇女和本应该接受教育的儿童和青少年参加生产劳动，从而剥夺了青少年应有的受教育权。另一方面，教育作为社会意识形态的一部分，其最终受到社会生产力和生产关系的制约。因此在资本主义社会，对青年的教育受到资本主义经济关系的制约，教育不是为了培养全面发展的青年，而是把青年训练成为资本家赚钱的工具。从生活状况来看，工人阶级，包括青年工人群体，在资本家的剥削下，处在"非人"的处境和状态。马克思在《工厂工人状况》一文中，痛骂资本家为"这群靠吸吮本国年轻一代工人的膏血而自肥的吸血鬼"。[1] 恩格斯也在《英国工人生活状况》中描述了底层青年的悲惨生活。马克思恩格斯对无产阶级青年所处的境况进行了现实的实践考察，开始对青年领域的问题进行深入研究。

3. 青年群体在无产阶级革命中发挥了重要作用

无产阶级青年在饱受资本家的无情压迫和剥削的同时，也在无产阶级革命中发挥了重要作用。在社会革命中，无产阶级工人群体与青年知识分子结合在一起，肩负起阶级斗争的主要任务。19世纪三四十年代，在先进青年的组织者和领导下，欧洲爆发

---

[1] 马克思恩格斯全集：第十六卷.[M].北京：人民出版社，2007：115.

了三大工人运动，这是无产阶级为争取自身权益的运动，其中青年群体数量最大、作用最为突出。在革命斗争中，青年群体的革命意识和思想觉悟不断提高，他们更加勇敢地投身于反抗斗争，以实现自身的解放。马克思恩格斯在革命实践的过程中深刻地意识到了青年群体在革命中的特殊地位，也认识到必须加强对青年群体的系统教育和引导，用科学的理论武装他们的头脑，坚定他们的共产主义理想和信念。此外，马克思恩格斯在青年交往中，与其建立了深厚的友谊，这也为后来马克思恩格斯青年思想的形成与发展奠定了良好的基础。

综上，在资本主义阶级矛盾不断激化的社会历史条件下，马克思恩格斯深刻洞察青年问题，准确把握青年群体的发展定位，在革命思考和实践中逐渐形成了系统的青年思想。

## （二）马克思恩格斯青年观的主要内容

### 1. 青年的本质问题

青年作为社会群体的特殊一代，自然拥有其独特本质。马克思恩格斯在研究人的本质时，认为人是"现实中的人"、是处于"历史运动"中的人，并指出人的本质是"一切社会关系的总和"。青年群体属于人类群体的范畴，其本质并非抽象概念，而是现实存在的、从事一定社会实践活动的人。青年的本质与人的本质无疑是具有共性的，但是青年作为特殊群体，其本质有其独特的内涵和特征。因此，从人的本质出发，马克思恩格斯又结合青年自身的特点，从自然属性和社会属性上揭示了青年的本质。

在自然属性上，马克思在提出保护青少年合法权益时指出："法律应当严格禁止雇用 9—17 岁（包括 17 岁在内）的人在夜间和在一切有害健康的行业里劳动。"① 这里，马克思从生理上对青年的年龄做了一个界定，他认为青年的自然属性体现了青年是自然成长中的一个阶段。在社会属性上，青年在社会交往过程中形成了各种各样的社会关系，因此，马克思指出青年处在一定的社会关系中，并受到社会关系的制约。因此在马克思恩格斯的理论框架内，青年的本质属性在于其自然属性和社会属性的辩证统一。

2. 青年的地位作用

第一，青年代表着民族的希望和未来。青年作为社会的中坚力量，是人民群体当中最具活力、激情与创造力的部分，是国家和民族的宝贵财富，马克思在 1841 年就指出"我们的未来比任何时期都更多地取决于正在成长的一代"。② 强调了现代社会的命运掌握在青年一代手中。第二，青年肩负着时代重任和光荣使命。一方面，无产阶级青年具有彻底的革命精神和无畏的勇气，承担起社会革命的生力军的作用，他们积极加入革命事业，扩充无产阶级革命政党的队伍。另一方面，马克思恩格斯认为无产阶级青年和资产阶级之间具有不可调和的矛盾，由此决定了他们成为资产阶级的掘墓人和社会主义的建设者。第三，青年的发展象征着工人阶级的未来。马克思曾指出，工人阶级中的先进群体逐渐意识到，青年的成长与发展不仅关乎个人的命运，更直接关系到工人阶级的整体利益和长远发展。由此他强调青年一代的素质

---

① 马克思恩格斯全集：第 21 卷 [M].北京：人民出版社，2003：271.
② 马克思恩格斯全集：第 41 卷 [M].北京：人民出版社，1982：175.

和能力对工人阶级的命运和人类的未来具有至关重要的影响。

3. 青年的教育培养

马克思恩格斯非常重视教育对青年的塑造与培养作用，强烈批判资本主义教育对青年的束缚与毒害。他们认为，资产阶级对青年的教育是片面的、功利的，是以剥削为目的的。由此他们提出了无产阶级对青年的教育模式，内容涵盖了"智育""体育"和"技术教育"三大方面。"智育"旨在增长青年的科学知识，提升其理性思维；"体育"着重于强健青年的体魄；"技术教育"帮助青年更好地适应现代职业的要求。在教育方式上，马克思恩格斯主张把"学校教育"和"生产劳动"结合起来，这是培养全面发展的人的唯一路径，同时，马克思恩格斯不仅重视对学生进行意识形态的教育，而且还十分重视青年参加革命的实际工作。可以看到，马克思恩格斯认为教育目的在于根据青年的身心发展规律，把他们培养成全面发展的个体。

4. 青年的职业选择

马克思和恩格斯格外重视青年关于职业选择的问题。《青年在选择职业时的考虑》一文中，马克思阐述了青年在择业过程中，既要充分发挥自身在选择职业时的主观能动性，同时也要立足现实，认真评估各方面条件，做出符合实际情况的职业选择。具体来说，第一，青年所选择的职业必须是自己所热爱的事业，而这种热爱的来源是积极的而非功利的。第二，青年要选择与自己的身体和能力都能够胜任的工作，保证自己能够身体健康的同时高质量地完成工作。第三，要选择能够体现自我尊严且具有崇高价值的工作。最后，马克思还呼吁青年要把职业选择和社会需求相结合，从事能够为人类谋福利的职业。此外，恩格斯也认为青年应该选择与自己能力各方面相匹配的工作，就像他曾对伯恩施坦所言，"像您这样的年青人，……而且又如此适合这一工作，当然应该继续做这个工作"①。

5.青年的优势与不足

此外，马克思恩格斯还从辩证的角度探讨了青年群体的优势与不足，在优势方面，青年群体朝气蓬勃、思想活跃，同时，在社会革命中，他们普遍展现出进步性和革命性。然而，由于在年龄上相对年轻，青年群体在身心发展方面尚未成熟，缺乏足够的历练，容易受到不良习气的影响，意志力不够坚定，容易动摇。这些不足都凸显了无产阶级对青年群体加强教育与引导的必要性。

## （三）列宁青年观的主要内容

列宁继承了马克思恩格斯的青年观，同时，列宁根据俄国革命和社会主义建设的状况，以及世界无产阶级革命的新形势，丰富和发展了马克思恩格斯的青年观，在青年的价值、教育培养、选拔任用等方面提出了新观点新思想。

1.青年的价值

列宁从俄国现实条件和革命要求出发，从各个方面强调了青年群体的价值。第一，列宁指出青年是各个政党竞相争夺的对象，这是因为，在持续的社会主义革命中，青年群体具有巨大的组织力量，在革命实践中处在先锋队的地位，对革命成败起到决

---

① 马克思恩格斯全集：第35卷.[M].北京：人民出版社，1971：207.

定性的作用。正如列宁所说："整个斗争的结局都将取决于青年，取决于青年大学生，尤其是青年工人。"[①]第二，列宁强调了青年群体对于民族未来的特殊意义。列宁在《青年团的任务》当中，对青年寄予厚望，将实现共产主义的伟大使命寄托于青年一代。他指出老一辈的革命家完成了推翻资产阶级的历史任务之后，就要由青年人接好接力棒，扛起社会主义建设的伟大旗帜，击退资本家的反扑，逐步实现共产主义。

2. 青年的教育培养

同马克思恩格斯一样，列宁也十分重视青年的教育与培养。列宁在教育实践中不断探索青年的教育方法，形成了比较系统的关于青年教育的观点。他认为，在教育过程中，首先，要对青年进行马克思主义思想的灌输教育，培养他们的共产主义道德观念。其次，对青年的教育应紧密结合社会生活实际，以防止理论和实践脱节，培养出真正的而非虚假的共产主义者，由此，他要求青年到现实生产实践中去检验知识、丰富阅历，锻炼本领。最后，列宁还主张青年应培养辩证思维和批判思维，学习吸收包括资产阶级社会在内的有益文化成果，同时将这些知识与实际相结合，创造出卓越的社会主义文明成果。

3. 青年的选拔和任用

青年的选拔任用不仅关乎青年个人价值的实现，更与国家的前途命运紧密相连。列宁高度重视和爱护青年人才的任用，大力提倡选拔和提拔青年人才，他强调，要不断为革命事业注入新鲜血液，将人才充实到国家各机关，防止人才的流失。同时，列

---

[①] 列宁全集：第9卷.[M].北京：人民出版社，2017：228.

宁敢于大胆地任用人才，他提出要"更广泛和更大胆地、更大胆和更广泛地、再更广泛和再更大胆地吸收青年参加工作"①，这是对马克思恩格斯青年观的创造性发展。此外，列宁还注重善用人才。强调要扬长避短，根据青年人才的个人优势和特长，将他们放在合适的位置上，充分发挥他们的潜能，实现个人价值与社会价值。

4.青年的组织和领导

青年的组织和领导是凝聚青年力量、引领青年发展的关键所在。列宁尤其重视共青团组织以及共产党对青年群体的领导。列宁创造性地提出了把青年集中组织起来，成立团体小组的思想，他提出"让青年组织起来时靠近我们的委员会"②。他在实践中积极引导和帮助青年群体建立属于自己的组织机构和团体小组，通过青年组织来凝聚和团结广大青年群体。关于党对青年的领导，列宁强调党的伟大事业离不开青年的参与贡献，青年的成长与发展也离不开党的引导和培养。只有无产阶级政党，能够遵循青年成长成才的规律，始终领导、团结和帮助青年，坚决维护青年的利益。同时，党组织也积极"吸收青年力量"，引导青年小组向无产阶级政党靠拢，从而培养无产阶级政党的得力助手和强大后备军。

---

① 列宁全集：第9卷.[M].北京：人民出版社，2017：228.
② 列宁全集：第7卷.[M].北京：人民出版社，2013：295.

## （四）马克思主义经典作家青年观的当代价值

马克思主义经典作家关于青年的思想具有强烈的实践性、时代性与科学性，是在实践中被证实的关于青年的科学理论。在当代，马克思主义经典作家的青年观仍然散发着真理的光芒。首先，马克思主义经典作家的青年观为当代青年理论的发展奠定了理论基础。随着时代的发展和社会条件的变化，青年的成长条件和环境也不断发生变化。针对青年群体出现的新特征、新情况，中国共产党人将马克思主义青年观与中国具体实际相结合，形成了具有中国特色的马克思主义青年观，尤其是新时代马克思主义青年观，为新时代做好青年工作提供了理论遵循。第二，马克思主义经典作家的青年观指明了当代青年工作的根本方向，明确了培养什么样的青年以及如何培养青年。要求我们坚持以人民为中心的发展思想，把青年作为推动社会进步和发展的重要力量来培养和使用。同时，马克思主义经典作家关于青年思想，作为科学的、进步的青年理念，强调了青年在社会变革中的重要作用。这一观点在两岸青年交流中同样具有深远的指导意义。在两岸关系和平发展的大背景下，两岸青年交流日益频繁，形式也更加多样。这种交流不仅促进了两岸青年的相互了解和友谊，也为两岸关系的和平发展注入了新的活力。马克思主义青年观为两岸青年交流提供了重要的理论支撑和实践指导。最后，马克思主义经典作家关于青年观的深邃思想，强调了青年的主体性，以及他们所肩负的伟大使命。这种思想激励着新时代的中国青年奋发图强，敢于担当，为实现中华民族伟大复兴贡献自己的力量！

## 二、中国共产党人的马克思主义青年观

中国共产党的百年历史，既是一部持续培养和壮大青年力量的壮丽史诗，也是一幅中国共产党青年观形成、丰富和发展的历史画卷。自党成立以来，我们党始终高度重视青年工作，将其视为党的重要工作之一。在革命、建设和改革的伟大征程中，我们党始终坚守马克思主义青年观，不断总结青年工作的成功经验，紧密结合时代发展的新需求，持续丰富和发展马克思主义青年观，推动青年事业蓬勃发展，培养出一批批为民族独立、人民解放和国家繁荣富强、人民共同富裕而英勇奋斗的中国青年。

### （一）新民主主义革命时期的青年观

1915年《新青年》的创刊，赋予了"青年"概念以崭新的内涵。"青年"突破了自然和生理意义的层面，不再是一个单纯的年龄阶段，而是代表一个充满活力与创造力的社会群体。这个群体被赋予了担当起民族复兴和国家发展的历史职责和使命。早期的中国共产党人通过刊发《新青年》《共产党》《向导》等刊物，在青年当中播撒革命的火种，唤醒无数青年的觉醒。陈独秀在《敬告青年》一文中指出"青年之于社会，犹新鲜活泼细胞之在人身"[①]，"自主的而非奴隶的""进步的而非保守的""进取的而

---

① 陈独秀文集：第1卷.[M].北京：人民出版社，2013：89.

非退隐的""世界的而非锁国的""实利的而非虚文的""实利的而非虚文的"①，既突显了青年在社会发展中的核心作用，又明确表达了对新青年的殷切期望。李大钊同样深刻认识到青年在革命中所蕴含的巨大潜能，并且在其文章中指出："我们的理想，是在创造一个'少年中国'，'少年中国'能不能创造成立，全看我们的'少年运动'如何。"②早期中国共产党人对青年具有非常美好的期待，但是由于社会历史条件的限制，没有对青年观形成系统的论述，仅仅是中国共产党青年观的初步萌芽阶段。1919年五四运动标志着新民主主义的开端，广大青年在反帝反封建的武装斗争和革命群众运动中，积极投身于革命事业，洒下青春热血。1922年，在中国共产党成立的第二年，党领导组织创办了中国共产主义青年团，为广大青年有效开展革命工作提供了有力的组织保障。中国共产党第三次代表会议，特别强调对青年团的支持与帮助，明确指出"对于社会主义青年团应极力加以组织上指导上之援助"。③随着革命的深入发展，以毛泽东为主要代表的中国共产党人对青年在革命中的地位和作用进行了准确定位，毛泽东明确指出，自五四运动以来，青年们发挥着"先锋""桥梁"的作用。在青年的培养方面，一方面要求青年把坚持正确的政治方向作为首要任务，深刻认识到革命的性质、对象、道路等核心问题，使青年成为党革命事业可靠的后备力量。另一方面，要求青年培养理论结合实际的实践精神，既要学习理论知识，也要在实践中向工农群众学习。为此，党积极领导广大青年深入民

---

① 陈独秀文集：第1卷.[M].北京：人民出版社，2013：90.
② 李大钊.李大钊全集：第3卷[M].石家庄：河北教育出版社，1999：322.
③ 中央档案馆.中共中央文件选集：第1册[M].北京：中共中央党校出版社，1989：153.

间，走向田间地头，与工人、农民和广大人民群众紧密结合，在这样的实践过程中，培养出无数为革命前赴后继的杰出青年。可以看出，在党的革命事业中，党对青年的培养目标在于培养"革命"型青年人才[①]。这一时期，党对青年的特点、作用和期望都有了进一步的认识，共产党的青年观开始形成。

## （二）社会主义革命和建设时期的青年观

新中国成立后，党的青年工作聚焦于国家建设，积极领导并动员广大青年投身到国家建设的伟大事业中。中国青年的使命任务从热血革命转变为进行社会主义改造和国家建设。从当时的社会背景来看，在国际上，美国借朝鲜内战，乘机发动朝鲜战争，并将战火蔓延至我国边境，企图将新中国扼杀在摇篮之中。以中国青年为主体的人民志愿军跨过鸭绿江，投身到保家卫国的战斗当中去。从统计数据中可以得知，在抗美援朝战争的第一年里，参加了志愿运输队的人员中就包括3440名团员和2671名青年。广大青年还自觉结合本职工作，为抗美援朝做贡献，比如积极参与捐赠"中国青年号""中国学生号"等飞机和大炮。在朝鲜战场上，志愿军中也涌现出了诸多奋战在一线的英雄。在国内，面对一穷二白的落后面貌，广大青年投身到土改等社会革命运动，加入农业、工业和文化等各大战线，"青年突击队""青年垦荒""青年植树造林""青年监督岗""青年扫盲队"等富有青年

---

① 谭亚莉，李亚楠.中国共产党的百年青年观：发展阶段、逻辑演进与基本经验[J].北京青年研究，2021，30（02）：5-12.

特色的工作，都是党领导青年为国家建设和发展贡献力量的生动写照，青年成为恢复和发展国民经济、促进各项社会改革的先锋力量。这一时期，党对青年的地位和特点有了更加全面深刻的认识。毛泽东站在民族复兴的战略全局高度，对青年寄托了殷切期望，把青年比喻成"早晨八、九点钟的太阳"[①]，提出"三好"青年的希望，即希望年轻一代能够做到"身体好""学习好""工作好"，并且把"三好"具体实践到对青年的教育培养当中去，指出学校教育要综合"体育""智育"和"德育"。刘少奇也明确指出："……特别是青年团应该成为党的最亲密的、最可靠的助手，应该加强它的工作。"[②] 此外，党在这个时期非常重视青年的思想政治教育，通过《关于组织广大青年学习马克思列宁主义、学习毛泽东著作的决议》《共青团中央关于加强学习马克思列宁主义、学习毛泽东著作的工作规划》等决议和规划号召全国青年开展一个学习马克思列宁主义理论、学习毛泽东著作，旨在把青年培养成为具有社会主义觉悟的、有文化的社会主义劳动者。

## （三）改革开放和社会主义建设新时期的青年观

进入改革开放历史新时期，党鼓励广大青年解放思想、勇立时代潮头，敢于开拓创新，在改革开放的伟大实践中建功立业。改革开放后，国家的工作重心转移到了以经济建设为中心上来，致力于解放和发展生产力，推动社会主义现代化的建设进

---

[①] 毛泽东年谱（一九四九～一九七六）：第3卷[M].北京：中央文献出版社，2013：248.
[②] 建国以来刘少奇文稿：第2册[M].北京：中央文献出版社，2005：53.

程。这一时期，各种新思潮、新思想、新观点不断涌现，青年们富有理想，大胆创新，敢于接纳新事物，党和国家对他们寄予厚望，致力于培养全面发展的、能够适应时代发展需求的优秀青年。邓小平同志强调："青年是我们的未来，我们的一切事业的继承者。"① "青年应当有远大的理想，又要十分重视任何细小的工作。"② 党中央一方面把"年轻化"纳入选拔干部的标准当中，选拔优秀青年到不同岗位上进行历练，通过构建年轻化的干部队伍，更好地引领新时代的变革。另一方面在教育上高度重视青年的培养，邓小平提出要培养社会主义"四有"新人，在政策方面积极支持和引导青年重回课堂，提升科学文化素质。此外，他在《在全国青年社会主义建设积极分子大会上的讲话》《共青团是党可靠的后备军和有力的助手》中阐述了青年在社会主义建设中的重要作用，以及如何进一步做好青年工作。在国际风云变幻的时代背景下，江泽民同志进一步强调："青年是社会中最富有活力的部分，是我们事业的希望……"③ "青年兴则国家兴，青年强则国家强，青年有希望，未来的发展就有希望。"④ 赋予了青年更大的期望。立足新世纪新阶段，胡锦涛同志以"四个新一代"代表了对广大青年的期望，强调全党要关注、关心、关爱青年。在青年的培养方面，党和国家强调青年的全面发展，在教育上坚持以人为本的理念，关注青年自身的特点和需求的基础上，坚持德育优先，致力于推动青年在德、智、体、美等多方面实现全面发

---

① 中共中央文件选集（一九四九年十月～一九六六年五月）：第 24 册［M］. 北京：人民出版社，2013：170.
② 邓小平文集（一九四九～一九七四年）中卷［M］. 北京：人民出版社，2014：230.
③ 江泽民文选：第一卷［M］. 北京：人民出版社，2006：132.
④ 江泽民论有中国特色社会主义（专题摘编）［M］. 北京：中央文献出版社，2002：420.

展。同时，面对国内国外的复杂形势，党和国家在青年工作中尤其重视青年的理想信念教育，保证青年政治思想的正确性和坚定性。总之，自改革开放以来，党和国家对青年的性质和地位进行了更深入的界定，明确了青年的优势和不足，对青年的成长发展给予了高度重视，并在支持青年教育、工作、成长等各方面的政策上不断完善和强化保障，这体现了中国共产党的青年观逐渐走向成熟。

## （四）中国特色社会主义新时代的青年观

中国特色社会主义进入新时代，中国共产党的青年观进入了全新的发展阶段。党中央立足新时代的历史方位，深刻把握青年工作的时代主题，在继承和发展马克思主义青年观的基础上，围绕新时代青年在国家发展战略全局当中的地位作用、培养怎么样的青年，如何培养好青年等问题发表了一系列的论述，为做好新时代青年工作，促进青年成长与发展提供了根本遵循。面对新的历史任务，习近平总书记对广大青年寄予厚望，同时也提出了更多的意见。在纪念五四运动100周年大会上，习近平总书记以开阔的视野和丰厚的情怀，总结了新时代中国青年运动的主题和新时代青年运动的方向，并对广大青年提出殷切希望，为实现"两个一百年"奋斗目标、实现中华民族伟大复兴的中国梦而奋斗。他强调："国家的希望在青年，民族的未来在青年。"[①] 新青年要肩负起新的时代使命。同时也强调，培养青年一代成为社会

---

① 习近平：在纪念五四运动100周年大会上的讲话[M].北京：人民出版社，2019：6.

主义的建设者和接班人，是全党共同的政治责任，要积极创造青年成才的各方面的条件。在庆祝中国共产党成立一百周年的大会上，习近平总书记高度赞扬了中国青年在不同历史时期展现出的英勇无畏、创新进取和担当奉献的精神，在民族复兴史上写下壮丽篇章，提出了新时代青年增强做中国人的志气、骨气、底气的新要求。在庆祝中国共产主义青年团成立100周年大会上，习近平总书记深情回顾了共青团百年的奋斗历程，精辟概括了共青团的坚定理想、矢志不渝精神形成的历史经验，要求青年一代不负韶华，接续奋斗，凯歌前行，提出了新时代青年要成为"时代模范"新期待。可以看到，新时代中国共产党的青年观进一步丰富发展主要表现在以下几个方面：第一，进一步说明了青年在民族发展、社会进步中的地位和作用。强调"青年人是全社会最富有活力、最具有创造性的群体"[1]，"中国发展要靠广大青年挺膺担当"。第二，进一步强调青年的命运与时代命运紧密相连，青年的历史使命与国家、民族的未来息息相关。把青年的发展和使命任务置于"世界百年未有之大变局"和"中华民族伟大复兴的战略全局"中考量，从而进一步明确了新时代青年发展的时代主题，强调青年的发展方向与现代化建设、民族复兴相契合。第三，对新时代青年的成长和发展提出了更多的期待和要求：新时代青年要"听党话、跟党走"、要"立志做有理想、敢担当能吃苦、肯奋斗的新时代好青年"[2]。第四，进一步拓展了新时代青年的情怀：新时代青年既要厚植"先天下之忧而忧，后天下之乐而

---

[1] 论党的青年工作[M].北京：中央文献出版社，2022：122.
[2] 习近平：高举中国特色社会主义伟大旗帜 为全面建设社会主义现代化国家而团结奋斗——在中国共产党第二十次全国代表大会上的报告[M].北京：人民出版社，2022：71.

乐"的家国情怀，也要有为全人类求解放的人类情怀、世界情怀。为推动民族复兴和构建人类命运共同体奉献青春。

积极推动两岸青年交流是中国共产党领导青年工作的一项重要任务。中国共产党在开展青年工作时，始终强调加强对青年的引导和教育，培养青年的爱国主义和集体主义精神，引导青年坚定信仰马克思主义、中国特色社会主义，树立正确的世界观、人生观、价值观。在两岸青年交流中，中国共产党也积极推动青年之间的交流与合作，引导青年深入了解祖国的历史和文化，增进对祖国的认同和热爱，在不断加强两岸青年的联系中促进两岸关系的发展，推动祖国的统一进程。

## 三、马克思交往理论

马克思主义作为一种重要的思想体系，不仅在政治经济领域有着深远影响，也在社会交往与人际关系中提供了独特的视角。马克思的交往理论强调了个体之间的互动与关联，以及社会结构对人际关系的塑造作用。在当今社会，两岸青年交流作为一个重要议题，也可以从马克思的交往理论中得到一些启示。

### （一）马克思交往理论的基本内容

马克思的交往理论贯穿于他的整个思想体系。其中，在《德意志意识形态》中，马克思比较系统地论述了基于生产关系而产生形成的个体与个体、个体与群体以及群体和群体之间的"交往关系"和"交往形式"。① 他认为，这些交往关系不仅仅是简单的物质交换的结果，更是一种社会关系的体现，是人们在生产过程中结成的相互依赖、相互作用的关系。马克思的交往理论主要包含以下几个方面的内容。

1. 交往的内涵及本质

在马克思那里，交往的内涵是丰富的。他不仅将交往视作物质生产的方式，更将其看作是人类社会关系的总和，是人们在生产、分配、交换和消费过程中形成的社会联系。这种联系不仅仅局限于经济层面，且深入到政治、文化、心理等多个维度。总的来说，马克思主要从以下三个方面论述了交往的内涵，揭示交往的特征。

第一，人本视域下的交往内涵。马克思认为交往体现了人的本质属性。马克思指出，"人的本质在其现实性上，是一切社会关系的总和"②。在马克思看来，社会关系就是在人的交往实践中不断生成和发展的。交往不仅是人们实现物质生活和精神生活的基础，更是人们展现自我、实现自我、完善自我的重要途径。因此，交往也是人存在的方式。马克思深入分析了交往在人的社会生活中的重要作用。他认为，人的存在和发展离不开与他人的交往，只有在交往中，人才能摆脱个体的孤立状态，实现与他人的联系和互动来满足自己的生存和发展的需要，实现自我认同和社会认同。总之，在交往过程中，人们通过语言的沟通、情感的交流、思想的碰撞等方式，不断形成和深化各种社会关系，从而不

---

① 张砚，张涵越.马克思交往理论对青年价值观的涵养作用[J].晋城职业技术学院学报，2023，16(06)：69-71.

② 马克思恩格斯选集：第1卷[M].北京：人民出版社，2012：139.

断丰富和发展自己的社会属性。

第二，社会历史视域下的交往内涵。马克思认为交往是社会发展的基础，是社会变革的动力。马克思在其交往理论中认为人类社会是一个历史发展的过程，社会的发展是由生产力和生产关系的矛盾推动的。在这个过程中，人类通过交往、合作和竞争等方式不断地改变和发展着社会关系，从而推动社会的进步和发展。由此，马克思对社会关系的形成和变化进行了深入的分析。马克思认为，社会关系是人类社会发展的产物，它是由生产力、生产关系和社会分工等因素共同作用的结果。因此，要理解社会关系的本质和规律，就必须深入研究这些因素之间的相互关系和作用。他进一步指出，在社会生产过程中，人们通过交往关系形成了一定的社会结构和社会关系，这些关系又反过来影响人们的生产活动和社会生活。因此，交往关系的变革是社会变革的先导，只有改变交往关系，才能真正实现社会的变革和发展。

第三，经济、政治、文化视域下的内涵。综合来看，交往作为"现实的人"存在的内在要求和本质属性，展现了人与人之间的互动与关系，并深刻影响了社会的发展与变革。因此，交往的本质在于它是人的社会存在方式。

2.交往的特征

在交往过程中，人们通过共同的劳动实践，形成了共同的利益和目标，构建起社会的基本结构，马克思交往理论中的交往具有以下特征。

第一，交往具有目的性。人的社会交往并非无目的的随意行为，而是在一定的历史和社会背景下，基于特定的需要和目标而进行的活动。交往的目的性体现在个人与社会的互动中，个人通过交往满足自身需求，实现自我价值，同时也在交往中塑造和改变社会关系。

第二，交往具有社会性。人是社会性动物，人的存在和发展离不开与他人的交往。在马克思看来，交往是个体融入社会、实现自我价值的必由之路。同时，交往也是社会结构形成和发展的重要机制。通过交往，人们形成了各种社会关系，这些关系构成了社会的基本结构，并影响着社会的运行和发展。因此，交往不仅是个体之间的相互作用，更是社会关系的再生产和维系过程。

第三，交往具有历史性。交往不是孤立存在的，而是处于不断的历史变迁之中。在不同的历史阶段，交往的形式和内容都会发生相应的变化。马克思通过对不同历史时期交往形式的考察，揭示了交往与社会历史发展的内在联系。他指出，交往是推动历史进步的重要力量，同时，历史的发展也深刻地影响着交往的形式和内容。

第四，交往具有实践性。马克思认为，人们的交往不仅仅是被动地接受既有的社会关系，更是通过实践活动来创造和改变社会关系。交往的实践性体现在人们通过交往活动不断创造和改变社会关系，这些关系又反过来影响人们的交往行为。实践性是交往理论的基石，它强调了交往与现实生活的紧密联系。

此外，马克思指出交往不仅仅是现实生活中的一种行为方式，更是人们追求自由、平等和公正的理想途径。在共产主义社会中，人们将摆脱阶级和剥削的束缚，实现真正的自由和平等交往。这种理想交往状态不仅是马克思理论的目标追求，也是人类社会发展的最终方向。

3. 交往的类型

马克思交往的类型涵盖了人类社会的各个层面和领域。他深入分析了物质交往、精神交往、个人交往与社会交往等多个方面，为我们理解人类社会的本质和发展提供了重要的理论工具。

第一，物质交往和精神交往。物质交往是指人们在生产和消费过程中所进行的物质活动。这包括了生产资料的所有权关系、劳动力的交换、商品的流通等方面。马克思认为，物质交往的基础是生产活动，而生产关系则是人们在物质生产过程中所结成的经济关系。这种关系不仅决定了人们的生产方式，还深刻地影响着人们的社会关系和生活方式。因此，马克思认为，物质交往是人类社会存在的基础，是人类社会发展的动力。精神交往则是指人们在语言、文化、艺术等领域所进行的交流和互动。在马克思看来，精神交往是人类社会存在的一种特殊形式，它不仅包括了人们之间的思想交流和情感交流，还包括了人们对世界的认识和理解。通过精神交往，人们能够建立起共同的文化认同和社会价值观念，促进社会的和谐和稳定。

第二，个人交往和社会交往。马克思认为，每个人都是独立的个体，具有自己的思想、情感和价值观念。他主张在交往中尊重个人的独立性和多样性，促进个人的自由和发展。同时，他也强调了个人交往与社会交往的紧密联系，认为个人交往是社会交往的基础和前提。而社会交往是人们通过组织、制度等方式进行的集体互动。马克思指出，社会交往是社会发展的必要条件，也是推动社会进步的重要力量。因此，他主张通过改革社会组织、完善社会制度等方式来促进社会交往的健康发展。

第三，内部交往和外部交往。在马克思主义视域中，内部交往指的是各民族在其内部进行生产、分工和交往的过程，这一过程涵盖政治、经济、文化等各个领域。内部交往的前提基础是社会生产力低下，各个民族和国家的交往是相对封闭的。随着生产力的发展，内部交往的封闭状态被打破，实现了外部交往。马克思在其世界历史理论中指出，"日益完善的生产方式"和"彻底消灭各民族之间的劳动分工"使得生产力世界化[①]，由此，不同民族和国家之间的文化、经济、政治等方面开始产生交流和互动。马克思主义强调在这一转变过程中，外部交往是推动历史发展的重要动力。

4. 交往的作用

交往活动渗透于社会生活的各个方面，发挥着重要的作用，主要体现在以下几个方面：

第一，交往活动促进了人类社会的发展。在马克思看来，人类的交往活动不仅仅是简单的信息或物质交换，它更是社会生产力发展的重要动力。一方面，在交往过程中，人们分享知识、技能和经验，这些分享活动推动了生产技术的进步和生产关系的变革，进而促进了整个社会的进步和发展。另一方面，人们在生产过程中形成的各种关系，包括生产、分配、交换和消费关系，都是基于交往活动而建立的。因此，交往活动体现了社会关系的建构与再生产，对于社会生产关系的形成和变革具有决定性的作

---

① 周德刚.世界历史维度中的马克思交往理论及其价值指向[J].学术论坛，2010,33(04):1-5.

用，在交往活动中，生产力的发展要求人们建立新的生产关系和交往关系，由此推动社会历史的发展。

第二，交往促进了世界历史的形成。马克思指出，世界历史是随着人类生产力的不断发展以及普遍交往的扩大而逐渐形成的。各个国家和地区之间的物质生产、精神生产以及相互交往，使得整个世界紧密地联系在一起，形成了一个整体，因此，民族历史也在不断地向世界历史演进。马克思、恩格斯以世界市场为例，进一步阐述了交往对于世界历史形成的作用，他们认为，交往中形成的世界市场的开辟，使一切国家的生产和消费都成为世界性的了。

第三，交往促进人的全面发展。马克思认为，人的自由全面发展的程度与社会生产力发展的水平是一致的。随着交往的扩大，生产力不断推进社会进步，创造更为丰富的物质基础，同时，在交往过程中，人们的思想观念在不断地碰撞与融合中得到提升，人们逐渐进入到更加开放、交往频繁的状态，直至社会发展到"自由王国"的阶段。在这个阶段，交往不再是人们为了生存而采取的工具，而是人们出于自愿、乐于参与的活动。在这样的状态下，人们可以自由、平等地交往，在物质和精神层面都得到满足，从而实现全面发展。

## （二）马克思交往理论对闽台青年交流交往的启示

马克思交往理论提供了一种理解和分析不同文化、不同社会背景下人们交流交往的理论框架。这一理论强调了社会实践在人际交往中的决定性作用，以及交往活动对于个体和社会发展的重要意义。在闽台青年交流交往的实践中，马克思交往理论为我们提供了宝贵的启示。

首先，闽台青年交流交往是一种社会实践活动，受到历史、文化、政治、经济等多种因素的影响。因此，在推动闽台青年交流交往的过程中，必须全面充分考虑这些因素，寻求共同利益点，据此制定出符合两地实际情况的交流计划与策略。同时，我们也应该关注闽台两地青年的实际需求和利益，确保交流交往的实效性和可持续性。

其次，马克思交往理论强调了交往活动的互动性和双向性。在闽台青年交流交往中，这种互动性和双向性表现得尤为突出。通过交流交往，闽台两地青年不仅可以增进彼此的了解和信任，更能推动文化交融和心灵的沟通。因此，我们应当积极促进闽台青年之间的交流互动，为他们提供更多的交往机会和平台，从而进一步加深两地青年之间的友谊和相互理解。

最后，马克思的交往理论也强调了个体在社会互动中的地位和作用。马克思主张的人类社会是由诸多相互依存的关系构成的，在两岸青年交流中，每个个体都应该被视为平等的交流主体，应该得到尊重和重视。因此，在闽台青年的交往中，我们应致力于构建平等、互惠、尊重的社会关系，以避免文化冲突和误解的发生。通过平等的对话与合作，可以增进双方之间的共识与协作，为两岸关系的和谐发展与和平稳定作出积极的贡献。

## 四、群际接触理论

群际接触理论（Intergroup Contact Theory）也称为"群际接触假设"，这套理论体系来源于西方心理学家，其目的是能够有效调节不同群体之间的关系。该理论的形成为群体之间偏见的减少、矛盾的消除提供了有效的理论基础。它有自己独特的作用机制，并且指导想要得到更加积极的接触效果，应该在最优条件下去接触。

### （一）群体接触理论的理论内涵

群里接触理论，在第二次世界大战后开始被广泛研究，其认为是用来消除两个或多个群体间对立关系的理论。该理论认为通过群际接触能够很好改善不同群体之间的关系；能够减少，消除不同群体之间的偏见。在该理论中，最具有影响力的观点是在《偏见的本质》（the Nature of prejudice）中奥尔波特所提出的假设。即通过指定组间接触关键情境条件减少群体之间的偏见。该理论在调节种族矛盾方面的应用得到了很好的证明[1]。为了将群际接触理论更好应用于社会，后来学术界对群际接触理论进一步进行了完善，在群际接触的最优条件，作用机制以及实践机理等方面进行了深入探究，形成了更加丰富、系统的理论。

---

[1] 郝亚明.西方群际接触理论研究及启示[J].民族研究，2015（3）：12.

## （二）群际接触理论的最优条件

两个互不接触的群体之间由于不够了解，会使得两者之间对对方的真实情况不了解从而产生误解。但是研究证明，要改善群际关系，只有简单的接触是远远不够的。因为只有恰当的接触才能够有效改善群体之间的关系。例如，接触的个人或者环境的差异都会导致接触效果的不同[①]。对此，奥尔波特提出了群际接触理论中最为核心的观点——群际接触最优条件（Optimal Conditions）：

第一，平等的地位（Equal status）：虽然个体/群体的地位高低很难清晰界定，它和很多因素相关，例如家庭、收入、职业、文化等，但是在该理论中提出接触的群体至少要在同一环境内能够得到平等的地位。第二，共同的目标（Common Goal）：想要达到积极的接触效果，需要为群体设置积极并且经过努力可以达到的目标。第三，群际合作（Intergroup Cooperation）：接触的群体需要能够在共同目标下建立合作关系，有利于形成互补，降低双方矛盾。第四，权威，法律的支持（Authority Support）：双方接触的过程如果有政策的长期支持，能够使得接触更有积极效果。

奥尔波特的这四个接触条件提出后受到质疑，很多学者认为其不是建立积极群体接触的必要条件。例如：双方的地位不一定需要平等，接触的过程可以不经历合作。但是佩蒂格鲁和特罗普

---

① Psychology ARO.Intergroup contact theory.[J].1998：135.

在调研了515个案例后得出结论，奥尔波特的4个条件虽然不是取得接触积极效果的必要条件，但是在满足该条件下接触，对于改善不同群体关系效果最为明显。佩蒂格鲁对奥尔波特最优条件进行了理论补充。他认为群际之间良好的友谊也能够对群际接触产生积极的影响。同时提出群体的个体差异、当时的社会规范、不同时间阶段的接触都会产生不同的接触效果。

## （三）群际接触理论的作用机制

群际接触的内涵和群际接触的最优条件只是群际接触的理论前提，而想要得到良好的群际接触效果，研究群际接触的作用机制至关重要，它关注的是群际接触的具体过程，不同的群际接触过程会导致截然不同的群际接触的态度和行为的改变。

群际接触的作用机制其实是一种让不同群体之间的情绪和认知趋向于认同的机制，不同群体之间通过相互接触，增加彼此之间的行为和情感了解，从而发生群体内的重新评估而产生积极的接触效果。其机制的过程可以总结为以下三个方面：

第一，增加了解。不同群体之间需要通过相互接触了解，互相学习从而纠正群体之间的负面观点。通过互相反复地接触，重复改变来形成和谐的态度，从而发生行为的改变。第二，减少焦虑。在最初接触的时候，焦虑的情绪很容易出现，但是在持续积极地接触后，能够减少焦虑，开始产生同理心。第三，产生共情。在相互之间了解得越来越充分，互相发生态度和行为的改变，进一步产生情绪和认知的一致之后，能够导致共情的产生。

这三种群际接触的作用机制是一个整体，其三者结合起来的效果要远远大于单一的作用效果，研究它们的作用机制，能够对改善不同群体之间的关系，例如两岸之间的关系产生积极的效果。

## （四）两岸青年接触的群际接触研究

促进两岸融合，实现国家统一，离不开两岸之间的人员交往情感交流和文化交融。这三者是渐进的逻辑关系。只有先有两岸群体日常的交往和交流，才能为文化的交融提供支持，从而牢固民族关系，实现国家统一。

通常，产生偏见的原因是陌生，如果相互之间有足够的接触了解，那么就可以增加相互之间的信任。"两岸一家亲，闽台亲上亲"，在两岸群体的接触活动中，由于福建其相对台湾独特的地理位置和历史渊源，在两岸青年的接触中闽台青年交流占据了较大比重。例如李鑫发表的《精彩"登陆"开心回家——第二十届台胞青年千人夏令营福建航海文化分营纪实》展示了闽台青年之间通过航海进行了联谊会[1]。此外徐志南、俞凤琼记录研究的福建省青年闽商联合会，积极为两岸融合发展提供青商探索[2]。还有林德荣等人从闽台宗亲关系研究两岸的接触等[3]。但是目前针对闽台接触利用群际接触理论研究较少。而两岸青年接触研究

---

[1] 李鑫.精彩"登陆"开心回家——第二十届台胞青年千人夏令营福建航海文化分营纪实[J].中国海事，2023，(09)：74.

[2] 徐志南，俞凤琼.福建省青年闽商联合会：为两岸融合发展贡献青商探索[N].中华工商时报，2024-02-06(002).

[3] 林德荣，蔡沙沙.闽台宗亲联结提升台湾青年国家认同的机制研究[J].厦门大学学报(哲学社会科学版)，2023，73(04)：79-92.

有周祝瑛提到想要增加两岸青年的互相认同，纠正错误的认知，需要通过不断地交流和接触[①]。两岸青年接触的特点是泛化性，次传递性和不对等性的概念被唐桦在论文中提出[②]，然而该论文缺乏对群际接触条件和接触效果两者的关注。另一位学者茉莉克服了上述不足，她研究了"社会距离"受到"人际接触"和"网络接触"的影响，另外加入了"政治态度"作为调节变量。通过这种方法验证了"接触假说"，证明了人际／网络接触都有助于帮助大学生更加感知到两岸的社会距离[③]。

学者们对赴台学习的学生也有进行一些研究。其中以大学生的"生活适应"作为切入点，具体表现为学生的心理、生理、学习和文化进行研究。得出的结论是赴台的大学生和台湾大学生的交流主要局限在课堂上，而在社会生活和文化方面很难有深入的沟通交流。去台湾学习的大学生必须克服的一个难点就是如何融入当地的文化[④]。研究学者阐述了大陆学生来台湾难以融入当地文化的原因，即学生的人际关系基本只来自上课，还有一些社团和社交媒体。社交圈基本只有维持在本科系的同学，很难真正融入当地的文化圈层[⑤]。

随着两岸关系的发展融合，两岸青年之间的接触和交流会越来越多。积极的接触能够有效增加两岸融合，所以研究两岸青年的接触方式和接触内容至关重要，其中还需要加入对意识形态部

---

[①] 周祝瑛.两岸大学生交流研究[J].世界教育信息，2015(17)：7.
[②] 唐桦.群际接触与偏见：交流中台湾青年的心理机制[J].台湾研究集刊，2017(6)：7.
[③] 茉莉.台湾大学生对大陆的社会接触及社会距离感知研究[J].青年研究，2016(04)：85-93+96.
[④] 苏意晴.陆生来台动机、生活适应和学习成效探讨[D].台中：朝阳科技大学，2015.
[⑤] 黄亚楠.适应在他乡：陆生的社交媒体使用[D].台北：政治大学，2016.

分的研究，这是由两岸的特殊性和敏感性所决定的。同时，这也符合群际接触理论中"权威、法律和习俗"支持的部分。

### （五）群际接触理论的适用性和局限性

1. 适用性

利用群际接触理论研究两岸青年的关系是对群际接触理论的延伸，该理论对讨论两岸关系的敏感性和不确定性能够适用，从而达到正向的接触效果。正如讨论"房子里的大象"让大象不那么可怕。两岸青年增加交流的前提下。两岸很多敏感的话题就可以加入讨论。这样使得两岸的很多问题，能够开始走向积极的结果。这个结果也和群际接触的一些理论相符。群际接触理论中的合作关系和平等地位有助于增加群际交流的积极效果也在两岸青年关系的对话中得到确认。

2. 局限性

研究发现两岸的群际接触的意识无法持续存在。只有在某些特定的时间或者特定的情景下才会凸显，例如：大陆生赴台的初期以及涉及某些敏感的政治话题的时候。这导致两岸青年的群际交流很难保持持续性，而是很多时候只有回忆的交往感受。其次受到两岸关系阶段性特征的影响，群际接触中所需要的基本条件和促进条件很容易受到中断，这使得应用群际接触理论来研究两岸青年的关系难以有连贯性的结果。这需要在研究的过程中，加入时间参数，采用更加综合化的纵向模型进行研究，关注更加持续的社会和政治的变化。这目前主要还在理论构造的阶段。

　　总之，群际接触理论是改善不同群体关系的重要理论。它能够为深化民族团结进步提供有效的理论支持，其最优条件能为群体之间的积极接触提供理论保障。然而也必须认识到现实中的群际接触和设计的实验相比，更具有"复杂性""变化性"等。因此在实际应用时，需要全面认知该理论，并且吸收借鉴不同地区，不同时间的案例。同时结合研究群体的实际情况，例如：两岸关系的特殊情景。在学习该理论的普遍性前提下，应用时根据实际接触中两个群体的特殊性进行具体的分析研究，更有利于帮助加强不同民族、不同地区的了解沟通融合，能够更加有效推动铸牢中华民族共同体意识。

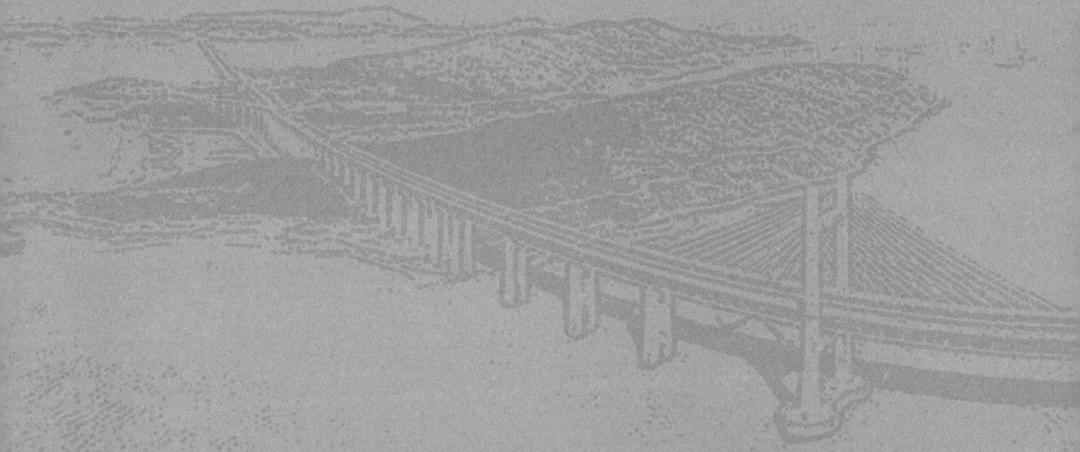

第二章

# 闽台青年交流交往的现状

青年是两岸命运共同体中最具青春活力的重要组成部分，长期以来，青年群体在两岸交流的过程中都扮演着重要的角色。展望未来，两岸青年作为两岸关系发展的领导者、组织者与参与者，将为两岸关系的和平发展贡献更多的力量。《中共中央、国务院关于支持福建探索海峡两岸融合发展新路建设两岸融合发展示范区的意见》明确提出要"鼓励青少年交流交往"，"支持闽台各领域各行业青年团体建立常态化交流渠道"[①]。随着两岸关系的和平发展，两岸在政治、经济、文化等方面的交流日益密切和广泛，为两岸青年提供了更多的交流机会和更广阔的发展空间，积极投身于两岸交流交往的青年人数逐年增加，交流合作的形式日益丰富多元，交流合作的范围不断扩大、领域逐渐拓宽、内容也在持续深化，两岸青年通过持续的交流交往，不断增进对彼此的理解。这一趋势不仅彰显了两岸青年对于两岸融合、心灵契合的美好愿景，更是两岸关系和平发展、民族团结进步的重要标志，预示着两岸关系和平发展、民族复兴的广阔前景。

近年来，福建省秉持着"两岸一家亲"的理念，积极探索海峡两岸融合发展新路，全力打造两岸往来最便捷、合作最紧密、政策最开放、服务最贴心、交流最活跃、情感最融洽的第一家园。尤其是在闽台青年交往方面，福建省充分发掘并利用闽台两地独特的历史文化资源，实施了一系列优惠政策和服务举措，成功吸引了大量台湾青年来闽学习、工作和生活。同时，福建省还深入开展各领域的两岸青年交流活动，取得了显著成效，积累了

---

① 中国政府网.中共中央国务院关于支持福建探索海峡两岸融合发展新路 建设两岸融合发展示范区的意见[EB/OL].https://www.gov.cn/gongbao/2023/issue_10726/202309/content_6906519.html

宝贵的经验，为两岸融合发展注入了新的活力。基于此，下文将从闽台青年交流的形式、内容、特点和存在的问题四个方面论述闽台青年交流交往的现状，并论述闽台青年交流交往的成效。

## 第一节 闽台青年交流的形式

闽台青年交流交往的形式是指借助一系列活动和平台，增进福建与台湾青年间的相互了解、交流与合作。这些形式丰富多样，根据不同的标准可划分为不同类型。总的来说，闽台青年交流的形式主要包括以下四类：根据交流交往的主体划分，可以分为个体交流和团体交流；根据交流交往的性质划分，可以分为民间交流和官方交流；从交往的方式上看，可以划分为线上交流和线下交流；从交流交往的时长来看，可以划分为短期交流和长期交流等。这些不同的交流形式，各具特色，互为补充，共同构成了闽台青年交流的多元化格局。

### 一、个体交流与团体交流

在闽台青年交流交往的过程中，根据参与交流的闽台青年主体的多少，可以分为小规模的个体交流和大规模的团体交流。这两种交流形式各有特点，但都在推动闽台两地青年相互了解、增进友谊、促进合作方面发挥着重要作用。

小规模的个体交流，通常指的是闽台两地的青年通过亲友介绍、社交平台等渠道建立起联系，并展开一对一或少数几人的深入交流。这种交流形式既注重深度和亲密性，又充满灵活性和自由度，参与的青年可以根据自己的兴趣、需求和时间安排来确定交流的内容和方式，例如，一些青年会选择通过线上聊天、视频通话等方式，分享彼此的生活经历、学习工作情况和兴趣爱好；另一些则偏好现实交流，一同参观游览、品尝美食、参加文化活动等，以此亲身感受对方的生活环境和文化氛围。尽管个体交流规模不大，但它能够建立起深厚的友谊和信任，为闽台两地青年未来的进一步合作和交流打下坚实基础。大规模的团体交流，通常由政府、学校、社团等组织发起，包括了众多闽台青年参与。这种交流形式更加注重广度和影响力，也更加注重整体性和系统性，通常围绕特定的主题或目标展开，如文化交流、科技创新、创业合作等。在这样的团体交流中，闽台青年可以更加全面地了解两岸的文化、历史、社会和发展状况，同时也有机会结识更多志同道合的朋友和合作伙伴。比如，一些交流通过组织闽台青年共同参加研讨会、论坛等活动，针对共同关心的问题进行深入探讨和交流；还有些组织则会组织闽台青年一起参与志愿服务、实习实训等活动，共同为社会发展和进步贡献力量。

早期前往台湾参观、学习和工作的大陆青年较少，两岸青年的交流形式限制于台湾青年赴大陆探亲、学习和旅游等，这一时期，闽台青年的交流交往表现出了非组织性、个别性、单一性和局部性的特点。随着两岸关系的缓和，两岸交往交流也深入展开，"九二共识""汪辜会谈"等历史事件为两岸的交流与合作奠定了坚实的基础。2008年国民党上台执政之后，两岸实现全面"三通"，极大促进了两岸人员往来频繁，两岸青年也围绕就业、求学、旅游等内容开展了广泛的交流。其中，由闽台两岸各大高校组织的青年学生交换学习成为闽台青年交流的一大特色。近年来，福建省相关部门和高校就闽台青年交流出台了诸多优惠政策，比如，在创业就业上通过建设创业基地、提供创业辅导服务和创业融资及资金扶持鼓励优秀青年来闽就业创业；在求学上，通过两岸学历互认、扩大了在闽高校对台湾学生的招生规模、扩大奖学金覆盖面等吸引台湾青年到闽求学。此外，政府和高校还定期组织举办如海峡青年论坛、海峡青年节、两岸青年联欢节等交流活动，以及各种创业大赛和创新大赛，为两岸青创人才提供对话交流的平台。截至2022年9月，累计有8000多名台生来闽就读。福建省教育厅表示，福建省将持续扩大对台招生规模，不断推动闽台高等教育的融合发展。

纵观闽台两岸青年交流交往的历程，可以看到，两岸青年的交流从个体交流为主转变为团体交流为主。个体交流在计划性、组织性、灵活性方面都存在一定的不足，同时，个体交流涉及的领域、持续时间和影响力也较为有限。随着两岸交流的深入，在青年自我驱动、相关部门和学校的合力作用下，各类青年团体、学生组织、社团协会等纷纷开展交流活动，通过举办研讨会、论坛、比赛等形式，为两岸青年提供了更多互动的机会。这些团体交流活动不仅规模更大、影响力更强，而且更具针对性和实效性。它们让两岸青年有机会在更广阔的平台上展示自己的才华和魅力，也让他们能够更深入地了解对方的社会、文化和价值观。无论如何，两岸青年的个体交流活动和团体交流活动在新形势下不断发展，成为两岸关系和平发展的重要推动力。

## 二、民间交流与官方交流

闽台青年的民间交流通常指闽台两岸非政府组织、教育机构、文化团体或个人之间的互动，而官方交流则涉及闽台政府机构或具有官方背景的组织之间的正式沟通与协作。民间交流为官方交流提供了社会基础，而官方交流为民间交流提供了政策支持。二者在促进两岸青年交流与合作方面相互补充。两岸民间交流一直是推动两岸关系发展的积极因素，民间组织则是其中的重要载体。早在"台湾当局"解除戒严前，两岸的民间交流已经在历史的夹缝中悄然进行，1987年，"台湾当局"在大陆的强烈呼吁和不懈努力下，被迫开放台湾同胞赴大陆探亲，这标志着两岸民间交流新篇章的开始。[①] 从两岸的交流历史来看，两岸官方交流总体来说实现了从无到有，经历了从对立到和平发展的过程，

---

① 中国台湾网.陈先才：两岸民间交流三十年的意义与启示［EB/OL］.http://www.taiwan.cn/plzhx/zhjzhl/zhjlw/201711/t20171124_11871592.htm

逐渐形成了制度化的交流与合作模式。

近年来，闽台青年的民间交流与官方交流展现出积极的发展态势。在民间交流方面，福建依托与台湾的全域优势，持续深化闽台社会人文交流。例如，通过举办海峡两岸妈祖巡安活动、两岸青年信俗渊源寻根之旅活动等，闽台青年共同参与文化交流活动，共同演绎民俗盛宴，这些活动有效地增进了两岸青年的文化认同和情感联系。福建省青联以闽台青年共同的兴趣爱好为切入点，积极引导各类专业性新兴青年社会组织与台湾新兴青年社团合作，举办了一系列赛事活动，涵盖了文创、电竞、街舞等多个领域，吸引了众多闽台青年的热情参与和广泛关注，为两岸青年在共同的爱好中找到了归属感和认同感提供了重要平台。在官方交流方面，福建省积极贯彻落实《中共中央、国务院关于支持福建探索海峡两岸融合发展新路建设两岸融合发展示范区的意见》。该政策旨在深化两岸融合发展，推动闽台两地应通尽通、能融尽融。福建通过加强基础设施建设、优化台胞在闽的生活和工作条件，以及深化闽台经贸合作等措施，不断推动两岸融合发展进入新阶段。此外，福建省还在扩大闽台青年的共同"朋友圈"和"事业圈"方面做了大量工作。例如，福建推出了针对台湾青年的就业创业政策支持和服务体系，鼓励台湾青年参与生态环保、乡村振兴等基层融合实践。同时，通过建立台胞公寓和两岸社区交流中心等措施，为台湾青年在福建的生活和工作提供便利和支持。

**福州市仓山闽江世纪城台胞公租房**

可以看到，民间交流提供了一个更为轻松、开放的环境，使两岸青年能够直接交流，加深对彼此文化、价值观和社会实践的理解。官方交流为两岸政府提供了一个正式的平台，以讨论和解决共同关心的问题，不断推动两岸在经济、科技、教育等领域的合作，为两岸青年的共同发展创造更多机会。总的来说，闽台青年在官方和民间交流方面都取得了显著成果，呈现出全方位、多层次的特点，促进了两岸同胞加深相互了解，增进互信认同，共同推动两岸关系和平发展。未来，结合民间与官方交流，可以构建一个全方位的交流网络，覆盖各个层面的两岸青年，从而更有效地促进两岸关系的发展。

## 三、线上交流与线下交流

自两岸互通之门开启以来，两岸人民，尤其是两岸的年轻一代，通过教育交流、职业发展、学术研讨、互相访问、旅游观光以及寻根问祖等多种活动，实现了面对面的沟通与互动。这种直接的交流方式，使得台湾青年能够更直观、更真实地了解大陆，从而在一定程度上减少了他们对大陆的误解和偏见。当然，这种通过现实的活动平台，进行面对面的直接沟通具有时间和空间的限制，也在一定程度上限制了两岸青年进行有效的、深入的和充分的沟通。①

随着科技的进步，互联网迅速发展，线上交流平台建立起来并不断完善，使得闽台两地青年即便身处异地，也能轻松地进行思想碰撞和文化分享。通过社交媒体、在线教育、视频会议、在线论坛等线上方式，打破了双方沟通的时间和空间的限制，他们探讨共同关心的两岸的社会发展、青年创业、文化传承等社会话题，分享彼此的生活点滴，增进了彼此的认知与理解。他们在网络上建立起了一个个温馨的社区，相互学习、相互激励。线上交流不仅让两岸青年跨越了地理的界限，也让他们的心灵更加贴近。通过文字、图片和视频的传递，他们逐渐了解了对方的文化、习俗和思想观念，增进了彼此的理解和认同。近年来，在福州等地也开展了各类线上活动，比如一系列的"云比赛""云辩论"和"云研讨"，不仅展现了现代科技在促进两岸交流中的巨大潜力，也为两岸青年之间的交流开辟了新的空间和载体。通过这些活动，青年们可以在云端相聚，共同探讨感兴趣的话题，分享彼此的观点和见解，增进了相互之间的了解和友谊。然而，线上交流也存在相应的隐患和问题，网络空间的虚拟性和匿名性可能会使得一些不良信息和不实言论得以传播，对青年们的思想产生负面影响。同时，线上交流也可能因为网络技术的限制和不稳

---

① 连子强. 新媒体语境与两岸交流中的"青年世代"[J]. 福建师范大学学报（哲学社会科学版），2016（2）.

定因素而导致沟通不畅或中断，影响了交流的效果和体验。因此，在推动两岸青年线上交流的同时，我们也应该加强对网络环境的监管和治理，确保线上交流的健康和安全。同时，我们也应该继续探索和创新两岸青年线上交流的模式和方式，让两岸青年能够更加方便、更加快捷地相互了解、相互学习，共同推动两岸关系的和平发展。

福州市台青第一云家园

　　线上交流虽然方便快捷，却难以替代面对面的线下交流所带来的直观感受与深度互动。因此，闽台青年也积极开展各种线下交流活动。他们组织文化研讨会、艺术展览、体育比赛等活动，在这些活动中，青年们可以亲身感受对方的文化魅力，体验不同的生活方式，从而建立更加深厚的友谊。因此线上线下融合交流是促进两岸青年交流的重要途径。例如，第九届海峡青年节创新了"N+N"两岸线上线下多城市联动模式，在福州、上海、台北等两岸20多个城市举办了24项活动。[①] 此活动以线上线下结

---

① 中共福建省委台湾工作办公室 福建省人民政府台湾事务办公室.同心创未来 携手谋复兴——第十四届海峡论坛综述[EB/OL].http://www.fjtb.gov.cn/news/202207/t20220717_12453019.htm

合的互动模式，即为两岸青年搭建了一个宽广的平台，让他们能够随时随地保持联系，分享彼此的故事，又让青年们有机会走出虚拟世界，真正走进彼此的生活，感受对方的文化底蕴和人文关怀。为两岸关系的未来注入了更多的希望与期待。

## 四、长期交流与中短期交流

当前，从闽台两岸青年交流互动时间的长短、交流的深度等，大致可以将两岸青年的交流划分为短期交流、中期交流和长期交流三个层次。

短期交流主要是指闽台亲青年以文化体验、学术研讨、观光旅游等形式为主，通常是数天至数周的时间。这种交流形式有助于两岸青年快速了解对方的文化、历史和社会生活，加深彼此之间的了解和认识。通过短期的交流，青年们可以建立起初步的友谊和信任，为进一步的交流打下基础。中期交流则更多地涉及学习、实习、志愿服务等领域，时间通常在数月至半年左右。在这一阶段，两岸青年有机会更深入地了解对方的教育体系、职业环境和社会问题。他们可以在共同的学习或工作中建立更紧密的联系，形成更加稳固的友谊，也有助于青年们更全面地认识两岸的发展机遇和挑战，为他们未来的职业规划和发展提供有益的参考。当前，闽台两地青年的交流主要局限于短期和中期交流，比如两地高校派出交换生参加校际交流活动、两地教师短期进修等。有学者指出，在短期交流活动中，台湾青年虽然不会立刻受到直接影响，而交流活动中的官方接触和立场说明等，能够在"认知层面"上帮助他们减少偏见并改善他们对两岸关系的印象。[①]

在两岸民间和官方的努力之下,闽台青年逐渐开展了持续时间较长、涉及深度较大的交流活动,如长期学习、工作、生活等。这种交流形式需要青年们付出更多的时间和精力,但也能带来更加深厚的体验和收获。通过长期交流,两岸青年可以更加深入地了解对方的社会、文化、价值观等方面,形成更加深厚的友谊和信任,促进两岸青年在经济、科技、文化等领域的深度合作。比如,福建省每年定期举办的"海峡青年节""海峡青年论坛"及其子论坛"两岸青年社团负责人圆桌会议"等都是通过每一届持续举办的方式,确保参会的两岸青年能够长时间地保持交流和联系。此外,随着两岸青年的深入交流,越来越多的台湾青年表示愿意并积极选择到大陆生活定居、寻求发展机会,与大陆青年共圆中国梦。

可以看到,短期交流和中期交流形式灵活多样,易于操作,能够满足不同领域、不同层次的青年需求,更加注重实效性和针对性。此类交流能够为两岸青年提供更多地展示自我、交流思想的平台,促进两岸青年的相互启发和共同进步。而长期交流为两岸青年提供了更加深入、持久的互动机会,有助于打破偏见和误解,增进相互信任和认同。此外,长期交流有利于培养一批批熟悉两岸事务、具有共同理念的青年人才,为两岸关系的和平发展奠定坚实的人才基础。总之,闽台青年的交流互动是一个多层次、多角度的过程。每一层次都承载着不同的意义和价值,共同构成了两岸青年交流互动的完整画卷。通过不同层次的交流,两岸青年可以不断增进了解、加深友谊、拓展合作。

---

[①] 耿曙,曾于蓁.中共邀访台湾青年政策的政治影响[J].台北:问题与研究,2010(3):46.

## 第二节　闽台青年交流交往的内容

随着两岸融合发展不断深入,越来越多的台湾同胞有机会来到祖国大陆,亲身感受和体验大陆的变化与进步。他们看到大陆在经济、科技、文化等方面取得的显著成就,感受到大陆人民的热情好客和真诚相待,心中对祖国的认同感和归属感更加强烈。特别是新一代台湾青年在成长过程中,逐渐认识到自己与祖国之间的紧密联系,对祖国统一的认识和渴望不断增强,积极加入推动两岸关系和平发展的行列中,成为促进两岸民间交流的重要力量。台湾青年渴望亲身去感受、去体验这片古老而充满活力的土地。他们通过经贸、文化、教育、艺术等领域的交流,不断增进对大陆的了解和情感认同。2023年,岛内民众来福建的人次达到了57.3万,显示了闽台青年交流的广泛性和活跃度。

### 一、经贸交流

随着全球化的深入发展和两岸关系的不断加强,海峡两岸青年的经贸交流日益密切，成为推动两岸关系和平发展的重要力量，越来越多的台湾青年选择到大陆求学、就业、创业。他们看到了大陆广阔的市场前景和优惠的创业政策，希望在这里实现自己的职业梦想。同时，大陆的青年也积极赴台交流学习，借鉴台湾在产业发展、企业管理等方面的先进经验。两岸青年的互动，为两岸经贸合作注入了新的活力，也为两岸经济的共同发展奠定了坚实基础。近年来，闽台两岸青年在经贸交流日益频繁，成果显著。一是交流规模不断扩大。2023年，福建省新设台资企业数量和实际利用台资规模保持大陆首位，显示了闽台经贸合作的深度和广度。同时，福建省政府在推动两岸青年经贸交流方面做出了显著努力。例如，在第十一届海峡青年节期间，举办了35项活动，涵盖了数字经济、乡村振兴、人才交流等多个领域。这些活动吸引了大量台湾青年的参与，全年参与海峡青年节的台湾青年超过3000人；二是合作项目日益丰富。从传统的贸易往来，到现代的服务业合作，再到高科技产业的联合研发，闽台两岸青年的合作项目不断增多，覆盖了多个领域。这些合作项目不仅增进了两岸青年的相互了解，也促进了双方的经济繁荣；三是交流平台日益完善。为了更好地服务闽台两岸青年的经贸交流，福建省各级政府和社会团体纷纷搭建起了各类交流平台，比如举办"闽台青年创业创新大赛"、搭建闽台青年创业基地，为两岸青年提供了更多的机会和渠道，使他们能够更加便捷地进行沟通与合作；四是交流政策不断强化。2023年，福建省全域推进两岸融合发展示范区建设，让两岸同胞共享两岸融合发展示范区建设的利好。其中，在经贸合作方面，福建省实行了闽台融合发展重大项目的"一清单、三优先"管理，推出了"台农贷"线上办理升级版，以及支持金门、马祖地区的企业以及在福建登记注册的台资企业申报"福建老字号"等措施，旨在推动两岸青年的经贸合作，促进两岸经济的融合发展。这些政策措施还包括提供台青创业支持、包括为来闽就业创业的台湾青年提供过渡免费住房和公共租赁住房，扩大台湾地区职业技能资格的直接采认范围、在闽台湾教师纳入福建省职业教育"双师型"教师认定、鼓励台湾青年参与生态环保、乡村振兴等领域的基层融合实践等等[1]。比如福建省推出了"101 台湾青年创业扶持计划"，为在闽创业的台湾青年提供资金支持和创业指导，促进台湾青年在闽创业发展。

一些社会团体组织为两岸青年的经贸交流搭建了广阔的舞台。例如，福建省青年闽商联合会在推动两岸青商融合发展方面进行了大胆的探索和实践。该组织通过举办"海峡青商论坛"等活动，为两岸青年企业家提供了一个重要的经贸文化交流平台。2023 年举办的第四届海峡青商论坛，吸引了来自海峡两岸的青年企业家，围绕"绿色低碳 融合发展"的重要方向展开了对话。[2] 青商联还与多家台湾协会建立了友好商会关系，并发布

---

[1] 中华人民共和国中央人民政府.建设两岸融合发展示范区 福建发布首批 15 条政策措施 [EB/OL].https://www.gov.cn/lianbo/difang/202311/content_6917383.htm

[2] 中国新闻网.第四届海峡青商论坛福州举行 两岸青商共论"绿色发展"[EB/OL].http://www.fj.chinanews.com.cn/news/2023/2023-08-28/531355.html

了《海峡两岸绿色发展倡议书》，以推动两岸绿色发展。① 这些活动不仅涉及创业经验交流，还围绕福建的数字经济、文旅经济、绿色经济和海洋经济等领域进行了深入的对话和探讨，寻求在闽发展的新机遇。同时，还推动了包括台湾青年筑梦计划、闽台青商联盟签约，以及闽台数药医学研究院和两岸乡村振兴等项目的落地。在一系列的政策推动下，两岸青年的经贸合作正迎来前所未有的发展机遇，持续发挥其在推动两岸和平发展中的重要效能。

第四届海峡青商论坛

海峡青商论坛 圆桌对话

海峡青商论坛 合作签约

《海峡两岸绿色发展倡议书》发布

① 中国新闻网.第四届海峡青商论坛福州举行 两岸青商共论"绿色发展"［EB/OL］.https：//www.fj.chinanews.com.cn/news/2023/2023-08-28/531355.html

## 二、文化交流

文化交流是不同国家或不同地区之间具有文化差异的人们通过特定的主题、内容和方式进行的各种形式的活动,由此促成的文化上的相互交往,并通过这种交往增进对彼此文化的理解和认同,进而实现文化融合。① 海峡两岸同胞同根同源,同文同种,两岸文化同属于博大精深、源远流长的中华文化,台湾文化当中蕴含着相当丰富的中华文化精髓,是中华优秀传统文化和血脉的赓续。福建与台湾隔海相望,地理位置相近,历史文化渊源最为深厚,在文化领域交流中持续发力,不断增进闽台文化交流,为两岸融合注入了文化活力。通过开展两岸的文化交流活动,挖掘福建与台湾之间深厚的历史渊源和共同的文化底蕴,不仅能够丰富和发展中华优秀传统文化,同时也能够为两岸的经济合作搭建起坚实的桥梁,进一步推动文化产业的发展。更重要的是,两岸文化交流体现了两岸民众心灵的沟通、情感的交流。通过举办各类文化交流活动,如文艺演出、艺术展览、影视交流等,两岸青年能够亲身感受对方的文化魅力,从而增进相互的理解和尊重。特别是在增进两岸青年的世代认同方面,两岸文化交流发挥着独特作用。

两岸青年是两岸文化交流中最活跃的群体,他们不仅是文化交流的积极参与者和推动者,也是中华文化传承和创新的重要力量。近年来,为了增强台湾青年对祖国大陆文化的认同,福建

---

① 王立斌,宋铁君.两岸高校青年文化交流的实践与思考[J].思想政治教育研究,2012(4).

省积极发挥地域优势，深化两岸文化交流与合作，举办一系列丰富多彩的文化活动并吸引闽台两岸青年积极参与，不仅展示了中华文化的深厚底蕴，也架起了两岸青年心灵相通的桥梁。比如2023年两岸龙狮民俗文化交流会在厦门市举办，两岸舞龙舞狮表演队齐聚一堂，来自两岸的众多群众参与观看表演，共话两岸美好情谊。

两岸龙狮民俗文化交流会

福建省积极发挥妈祖等民间信仰的精神纽带作用，开展了形式多样的民间信俗交流活动，如2023年9月海峡两岸同胞护驾妈祖金身巡安莆田活动在福建莆田湄洲岛妈祖祖庙进行，此次活动长达10天9夜晚，吸引了近百家台湾妈祖宫庙和500多家莆田妈祖宫庙的参与，场面浩大，蔚为壮观。台湾地区的报马仔、花鼓阵等民俗阵头也倾情参与，为这场民俗盛宴增色不少。闽台同胞共同演绎了一场精彩纷呈的传统文化表演，彰显了妈祖文化的深厚底蕴和两岸同胞的深厚情谊。2024年2月于福州举办的闽台新春文化大联欢活动，邀请了两岸知名艺人参与演出。活动包含两岸歌手的精彩演绎和福建特色的传统闽剧表演、歌舞、杂技等，吸引了来自两岸的广大青年朋友观看。海峡两岸之间即使隔着一道浅浅的海峡，两岸青年的心却紧紧相连，两岸青年们伴随着一场场精彩纷呈的文艺表演，在歌声与舞蹈中感受着跨越海峡的旋律，闽台青年们感受着同根同源的情感交流，体会着两岸文化联结和血脉相连的深厚情谊。

海峡两岸同胞护驾妈祖金身巡安莆田活动　　2024年闽台新春文化大联欢

　　福建省还举办一系列特色活动，比如"闽台青年潮玩文化节"，以潮玩艺术为媒介，汇聚了闽台两地的青年艺术家和创意人才，用艺术的力量跨越海峡，拉近两岸青年的心灵距离。福建省通过举办"两岸青年信俗渊源寻根之旅"等活动，深化了闽台青年之间的文化交流。这些活动包括寻根谒祖、朝圣祭祀、族谱对接、同名同宗村交流等，进一步强化了两岸青年的文化认同和情感联系。福建省以文化为媒介，开展的一系列文化交流活动，深化了闽台文化的交流与合作，助力两岸融合发展示范区建设。

闽台青年潮玩文化节　　　　　第三届两岸青年信俗渊源寻根之旅开幕

　　两岸同胞的家国情怀来自传承千百年的历史文化，来自割不断的血脉亲情，闽台青年文化交流的重要意义在于两岸青年在文化交融与共享中，增进对彼此文化的认同感和归属感，促进两岸青年的心灵契合[1]，从而巩固两岸同胞的血脉联系。

## 三、教育交流

　　海峡两岸的教育交流伴随着两岸关系的演变而不断发展。两岸隔绝以来，两岸的教育交流也一直处于封闭状态。直到 20 世纪 80 年代，随着两岸关系的缓和，教育交流才逐渐步入正轨。2012 年至 2014 年，陆生赴台研修的年增长率分别为 100.86%、90.67%、65.48%，显示出两岸青年学生教育交流的热络。[2] 然而，2016 年以后，两岸之间的紧张局势给两岸教育交流带来了更大的阻力，两岸之间的原本计划中的教育合作项目被迫取消或推迟。尽管面临着重重困难，两岸的青年学生和教育工作者们并

---

[1] 皮婷婷，阮晓菁.以中华文化促进两岸青年心灵契合——以福建省为例[J].海峡科学，2019,（09）：27-31.

[2] 杨文军.两岸青年学生教育交流现状及动态分析[J].统一论坛，2020,（01）：51-54.

没有放弃对于教育交流的期待和努力。他们通过各种途径和方式，积极推动两岸教育合作的进行，希望通过教育交流来促进两岸关系的和平发展。近年来，大陆不断放宽对台招生政策，简化台湾学生申请大陆大学的流程，现行台湾学生赴大陆读书，只要持台湾学测成绩申请就可以通行，台湾学生到大陆高校读书人数远远高于大陆学生到台湾攻读硕士、博士学位或本科生人数，显示出大陆对两岸青年交往的大力支持。福建作为两岸交流的重要窗口积极响应国家号召，不断拓展两岸教育交流合作的广度和深度，推动闽台两地院校合作、人才联培、师资引育等走在全国前列，众多福建高校与台湾高校签订合作协议，福建先行先试，主动融合，闽台教育交流合作结出累累硕果，助力人心相通。结合课题组调研情况，具体案例如下：

## （一）厦门理工学院光电学院教授连水养

厦门理工学院早在 2016 年就专门成立了微电子学院，微电子学院与联芯集成电路制造（厦门）有限公司等知名企业联合共建。该学院侧重培养集成电路产业一线急需的集成电路制造、设备维护、生产管理、PCB 设计、系统（产品）测试等产业一线工程师。目前拥有集成电路设计与集成电路制造两大专业方向，并针对集成电路设计、制造、封装、测试这 4 个细分领域，设置了半导体材料、工艺制备等系列特色专业模块和研究方向。

"与'双一流'高校相比，我们在芯片设计和基础研究方面，没有优势，但我们在芯片制造工艺方面，却能大有可为。"闽江学者特聘教授、厦门理工学院光电学院教授连水养介绍，攻克芯片的"卡脖子"技术，在具体制造工艺上，同样要付出巨大的努力。

在人才培养和科研上，厦门理工学院还注重开展跨学科合作。"除了跨学院、跨学科组建科研团队和师资，同时也致力于指导学生在不同学院、不同专业学习，提升学校培养复合型人才的效率。"厦门理工光电与通信工程学院教师林海军介绍，在芯片领域，很多难题涉及多个学科知识，为此，学校汇聚多方力量，通过多学科融合，将各领域技术握成"拳头"出击，力求取得新突破。

现在，厦门理工学院还"牵手"宸鸿科技、台达、宏发电声、冠捷等30多家知名企业，并开设"新干班"，光电、电气、计算机、材料、机械等学院的教师与企业导师带领学生一起扎根企业一线，直面产业难题。学校还通过校企共同开发专业与课程标准、共同打造高水平教学团队、共同制定行业标准等措施，打造互利共赢的校企利益共同体。[①]

## （二）平潭综合实验区麒麟小学台师

钟佳（化名），台湾排湾人，毕业于台湾师范大学。与一批在岚台青和大陆青年筹组网站、微信与LINE群。2022年4月创建"我们两岸一家亲"网站，组建了两岸教师资源微信群、台胞大陆生活信息分享LINE群。（于新加坡架设我们两岸一家亲网站：www.92family.com、我们两岸一家亲论坛：https://92family.com/bbs，教师资源微信群共计500人，LINE群共计700人）。

---

[①] 攻坚"卡脖子"技术，应用型高校也可有作为.中国教育新闻网.2024-3-21.http://www.jyb.cn/rmtzcg/xwy/wzxw/202403/t20240321_2111170678.html

成立群之后，进行问卷调查，分析了解台胞们诉求。

1. 2022 年 6 月取得社会工作人员执业资格证（助理社工师）

因为感受到台青不知如何在大陆找寻合适的工作，于是带领在岚台青（约 10 人）考社工证，帮助台青准备应聘社工与营造师之用，取得证书人数有 4 个人。

2. 2022 年 7 月与平潭人才集团合作举办实习时训和台籍教师人才引领计划

当时感受到两岸信息不通畅与不对等，经过多方的努力，终于透过大陆朋友的帮助，接触到平潭国企人才集团，便结合之前的网站，进行宣传。当年学员约有 10 人，目前有 1 人入职营造师，一人入职平潭国企。

3. 2022 年 9 月引进 15 位平潭中专台籍教师

很多的台青不知道如何应聘教师、国企、社工与营造师等对台开放的职缺，经过大陆朋友的帮助，顺利把约 45 份简历递到人才集团以及福信学院（25 个应聘教师，7 个应聘福信学院，13 个应聘营造师），顺利地让 15 位台青入职到平潭中专。另外有 8 份简历通过福台通人力资源公司的合作，顺利推荐一位教授到泉州黎明大学入职，另一位教授则是通过广东东莞理工学院的朋友推荐，也顺利入职。在招聘季举办多场网络座谈会，引进台师后，举办了讲座，希望通过分享让台师能够快速融入当地工作生活中。

4. 2023 年 2 月建立"我们两岸一家亲"美篇

由于架设在新加坡的网站，无法直接连网更新内容，所以建立了美篇，以方便群里的台胞把最新职缺和各种惠台政策消息互相传递到微信群、LINE 群。2024 年通过美篇在微信、LINE 群的传播，投递的简历约有 60 份，帮助 20 多位台青入职平潭。

除了宣传招聘与对台政策外，也帮忙做考证换证一体化的工作，帮助了多位台湾进行换证与考证。

5. 2023 年 5 月考取育婴证

钟佳说，在平潭有一些学历不高、创业不成功的台胞，面临找工作上的困难，我觉得考证对这样的台胞有一定的帮助，于是组织十多位台胞一起考证，希望通过这样的活动能对有需要的台胞提供一定的帮助。另外，我也希望除了台湾的中高人才能到大陆生活，蓝领阶层的人才也能有更方便的管道进入大陆的就业市场。最后，我也发现两岸婚姻的大陆配偶也需要一份当地的工作，好维持正常的家庭生活，有需要照顾父母的台胞，也需要自己的兄弟姐妹或者父母能在当地找到一份合适的工作，协助自己与家人能在大陆生根发展。

6. 2023 年 7—12 月为平潭引进将近 20 位台籍人才

2023 年通过微信群、LINE 群、美篇以及过去的人脉，帮助约 60 位台胞投递简历，希望能通过这个平台得到大陆工作的机会。目前，约有 20 位台青获得入职平潭国企、教师、营造师等职缺。

7. 2023 年 12 月成立平潭青促会筹备工作小组

以往的政策都倾向于台胞创业以及台企如何落地，根据钟佳个人的观察与调查，台胞们的需求已经从落地的需求逐渐的往在地生根发展，于是决定与台籍社工萧修祺和营造师李浚宏、帅和美等一起成立一个以服务台青融入当地生活的协会组织，协会以"融合两岸青年"作为工作主轴，期望能通过协会的功能结合社工的专业，为台青、台属、台胞、台企提供更多元化的服务，满足台胞在地生活的需求。

2024 年 2 月，在平潭台创园成立东门咖啡餐酒吧，为台青、台属、台胞、台企朋友提供交流场所，分享工作生活方面信息，希望大家尽快融入平潭。

当前闽台青年教育交流主要表现在以下几个方面：

闽台两岸高校合作。在开展闽台合作办学项目过程中，福建省的高校纷纷设立对台招生办公室，为台湾学生提供一站式的服务，包括咨询、申请、入学、生活指导等各个环节，确保台湾学生能够顺利适应大陆的学习和生活环境。截至2022年，福建的高校与台湾的118所大学签订了合作协议，实施了216个联合培养人才项目，培养了2.4万名技术技能人才。这些合作项目涵盖了本科"3+1""4+0"和专科"校校企"等模式，旨在培养技术技能人才。在科研项目合作方面，福建高校与台湾高校合作开展了102项闽台科研合作项目，获得省部级科技进步奖6项，发明专利15项，彰显了两岸学术交流与合作的丰硕成果。截至2022年，吸引了1187名台湾教师来闽任教。这些教师不仅参与了学术会议和短期课程，还共同参与一系列的科研合作项目。此外，还支持台湾教师申报国家人才计划项目。2012年以来福建省邀请了超过15000多名台湾师生来闽交流访学，同时，300多所两岸大中小学缔结了姊妹学校关系。此外，福建省还设立了台湾青年就业创业、实习实训基地，吸引了3.6万名台湾青年留闽就业创业。2015年，福建省率先出台《福建省促进闽台职业教育合作条例》。2019年，福建省高校开展闽台高等教育协同发展研讨会，此次研讨会吸引了来自海峡两岸的90多位专家学者参加。期间，专家学者们就闽台高等教育的发展与合作进行了深入探讨和交流，对于加强两岸高校的交流与合作，促进两岸教育融合发展，具有重要意义。通过闽台各方面教育合作，两岸在教

两岸学子在福州参加科举文化体验营活动 　　台湾金门大学师生到福州大学访学 　　2024年闽台青少年科技教育交流活动

育领域的交流与合作得到了加强，有助于增强两岸政治互信，为两岸关系的和平发展创造有利条件。[①]

闽台青年交流的内容不仅涵盖了经贸、文化和教育等传统领域，还拓展到了科技、体育、旅游等多个方面，通过这种多元的交流模式和丰富的交流内容，不断拉近闽台两岸青年的情感距离，为两岸和平发展奠定了坚实的基础。

## 第三节　闽台青年交流交往的特征

闽台青年交往交流的特征体现在闽台青年在互动交流过程中展现出的共性与特殊性，一方面，闽台青年同为中华民族的一分子，肩负着共同的历史使命，闽台青年的交流交往是大陆与台湾

---

[①] 中华人民共和国教育部. 积极探索闽台教育融合发展新路 努力促进祖国统一大业［EB/OL］.http://www.moe.gov.cn/fbh/live/2022/54857/sfcl/202209/t20220920_662941.html.

两岸青年交流互动的缩影，充分展示了两岸青年之间深厚的民族情感和文化渊源。另一方面，作为特定地域的青年群体，闽台青年的交往交流受到两地历史、文化、社会背景和政策措施等多重因素的影响，呈现出鲜明的地域特色和时代印记。近年来，在福建与台湾的交流合作日益密切的背景下，闽台青年的交流交往呈现出交流领域多元化、交流群体高端化、交流载体品牌化、交流机制常态化、交流渠道现代化五个方面的特征。

## 一、交流领域多元化

为了增加两岸青年交流交往的机会，为闽台青年交流交往提供更多的可能性，福建省出台一系列惠台政策，创造了两岸青年深入交流、相互学习、携手合作的广阔平台。随着两岸关系的和平发展，闽台青年交流不再局限于传统的经济、文化、教育领域，而是拓展到了科技、创业、体育、艺术等多个方面。这种多元化的交流模式，不仅为两岸青年提供了更多展示自我和互相学习的平台，也促进了双方在不同领域的深度合作。

长期以来，福建坚持以规模化、多层次、深交流模式开展两岸青年交流活动，打造出了海峡青年节、两岸青年峰会、海峡青年论坛等颇具品牌效应的活动项目，为两岸青年交流构建了一个便捷的平台，弥合了两岸间的部分信息不对称，深受两岸青年好评。此外，为助力台湾青年融入大陆，帮助其消除心理隔阂，进一步强化人文纽带建设，福州市开设黄巷对台特色街区，以此为两岸青年交流平台，通过"线上＋线下"的模式开展以传统文化、文艺、体育、科创等为主题的两岸青年文化交流周、文化月活动,扎紧了同根同源的中华文化纽带,助力两岸青年彼此理解、携手打拼。同时,福建聚焦两岸青年的需求,打造包括闽台青年人才研学营、海峡两岸大学生实体建构大赛、闽台艺术交流展、电竞赛、棒球赛、自行车赛、篮球赛等多层次、富有趣味性的一系列活动。比如,在科技领域,闽台青年在科技创新、创业合作等方面展现了极高的热情和活力。两岸的科技园区、孵化器等为青年创业者提供了良好的环境和政策支持,许多优秀的科技项目和产品得以在两岸市场落地生根。2022年,福建省科技厅支持福州大学、厦门理工学院等单位与台湾的大学合作,实施了4个省级科技计划对台项目。这些项目共获得了145万元的资助;[①]2023年,厦门成功举办了一场规模盛大的两岸科技创新融合发展研讨会。此次研讨会紧密围绕智慧医疗、大健康、中医药传承与创新等关键领域展开讨论,吸引了近200位专家学者、高校科研院所以及企业家和青年创业者的积极参与。大家共同探讨了两岸科技融合发展的新路径,为推动科技创新和产业发展贡献智慧。对于台湾青年而言,参与闽台的科技交流项目有助于他们在大陆寻求就业机会和开创事业,为他们提供了更广阔的职业发展空间。科技交流项目也为两岸青年搭建了社会网络,有助于他们建立专业关系,为未来的合作和交流打下坚实的基础。

当前,体育交流作为闽台青年交流的新平台和新亮点,不断带给两岸青年新体验。通过举办各类体育赛事和活动,闽台两

---

① 福建省科学技术厅. 省科技厅积极推动闽台科技创新融合[EB/OL]. https://kjt.fujian.gov.cn/xxgk/tjxx/tjsj/202303/t20230308_6127961.htm

地的青年有机会在赛场上共同竞技，在场下交流心得，分享彼此的文化和生活。2023 年 3 月，福建省福州市成功举办了为期四天的"两岸共聚·青春同行"——闽台青年人才体育交流营。此次活动旨在搭建一个两岸青年交流的平台，通过体育运动，让他们亲身体验运动的魅力，并增强对体育精神的理解。活动吸引了 60 名来自两岸的高校学生、在榕台湾青年以及举重运动员的积极参与。活动期间，两岸青年们参与了破冰互动、定向越野、茶话分享、实地观摩、企业研习和社会实践等多种活动。值得一提的是，里约奥运会举重冠军邓薇也亲临现场，与青年们分享了自己的成长经历和拼搏进取的体育精神。此次交流营不仅为两岸青年提供了体育交流的机会，还融入了历史文化研学和企业参观等元素，使他们在运动中增进了解，共同成长。通过这样的交流活动，闽台青年在体育领域建立了新的交流平台，为两岸青年的相互理解和深度融合发展打开了一扇新的窗口。

"两岸共聚·青春同行"——闽台青年人才体育交流营

当前，在美术、音乐、影视等艺术领域也可以看到两岸青年的密切交流与合作，为促进两岸交流交往源源不断融入新元素。闽台青年交流已形成包括教育、科技、文化、艺术、体育等多个领域的交流渠道。这既体现了福建省对打造闽台青年交流交往基地的重视性、同时也表明闽台青年交流交往活动的历史由来已久。可以看到，福建省不断创新闽台青年交流交往方式，为两岸青年交往提供了众多便捷、丰富的平台，致力于为台湾青年"办实事、办好事"，未来将有更多的台湾青年与大陆青年携手同心，共同前行。

## 二、交流群体高端化

在两岸交流交往过程中，福建省始终秉承深化闽台人才融合发展理念，始终立足于增进台湾同胞福祉、增强认同、促进心灵契合，先行先试、勇于创新，为两岸青年人才交流交往搭建了平台。随着两岸交往的人数持续增长，两岸青年的交往也越来越频繁、愈来愈深入，闽台青年之间的交流已经不再是简单的互访和观光，而是向着更加专业、高端的方向发展。参与闽台交流活动的人员层次也随之逐渐提升。

近年来，福建创新载体形式，致力于构建全方位闽台人才交流合作平台，创设了一大批闽台青年人才交流合作基地，打好"组合拳"，为台湾人才关注福建、了解福建、建设福建提供了众多窗口和机会。福建省创新工作思路，在福建率先成立海峡两岸人才交流合作协会，长期与台湾六大工商团体及行业工会保持对口联系，福建连续举办6·18海峡两岸人才交流合作大会。同时，面向产业发展重点需求领域，通过"海交会""渔博会""花博会"等平台，打造出人工智能、光电产业、现代农业等人才专项对接渠道，如2019年举办的两岸人工智能与光电产业人才项目对接会，仅泉州专场就对接了 94 个合作项目。① 福建省开通台湾人才服务专线，建设闽台人才交流合作网上家园，另外还通过购买服务、以奖代补等市场化服务方式，鼓励支持众创空间等社会机构参与主办承办各类台湾人才交流活动，建立了多元、畅通的人才交流合作平台和渠道，为促进两岸互信联动、深化闽台人才双向交流提供了有力支撑，确保两岸人才流得动、流得多。在相关部门政策的推动下，一些知名度较高、影响力较大的台湾青年代表也积极参与到两岸交流活动中来。同时，来自福建省的高校、科研所、青年组织和青年社团等领域的青年，尤其是政界和学界的代表，也逐步开始常态化地前往台湾开展参观交流活动。

**2023 海峡博士人才交流合作对接会**

---

① 新华网. 海峡两岸人才交流合作大会启动 百余名台湾博士预对接 571 个岗位 [EB/OL]. http://m.xinhuanet.com/fj/2019-06/19/c_1124643218.htm

## 三、交流载体品牌化

闽台青年交流载体品牌化主要表现为将闽台青年交流活动进行品牌化运作，使其具有独特的标识、明确的定位和稳定的受众群体。交流载体品牌化，有助于提升交流活动的知名度和影响力，吸引更多台湾青年参与，同时也有助于增强闽台青年的认同感和归属感。海峡两岸同属于中华民族，共享中华文化，具备交流融合的深厚根基，福建省积极探索海峡两岸融合发展新路，搭建了一大批具有品牌特色的闽台青年共享交流交往平台，有效增进了闽台青年融合发展。十几年来，福建和台湾联手打造了一系列"文旅交流"品牌活动、"论坛交流"品牌活动，"艺术交流"品牌活动等，取得了长效发展。这一系列的品牌活动，深受两岸青年的喜爱，拉近了两岸同胞的心灵距离。在此过程中，闽台两岸青年的交往活动从早期的单向、零散状态，逐渐转变为双向互动、常态交流的形式，并进一步形成了活动品牌化、制度化的新局面实现了两岸青年深度交流、心灵契合的崭新局面。

在"文旅交流"品牌活动中，福建省与台湾共同推出了"海峡旅游博览会""海峡影视季"等品牌活动。这些活动通过展示两地的自然风光、历史文化和民俗风情，吸引了大量游客前来参观体验。同时，福建省依托妈祖文化、闽南文化、客家文化等丰富资源，精心打造并发展了"福建文化宝岛行""海峡两岸书院论坛"等一批文旅交流品牌，同时，福建省还组织开展了"妈祖巡安""开漳圣王文化旅游节""陈靖姑民俗文化旅游节""海峡两岸民俗文化节""闽台美食文化节"等民间信俗和文化旅游节庆活动，不断培育出一批批新的品牌活动，让青年在参与中越走越近、越走越亲。

在"论坛交流"方面，海峡青年论坛也是其中的一大典范。海峡青年论坛广邀两岸同胞共叙亲情乡谊、共话民生福祉、共商交流合作、共扬中华文化，成为规模最大，参与最广泛的两岸民间交流盛会，被誉为跨越海峡的"百姓论坛"。自2003年创办以来，海峡青年论坛广邀两岸同胞共叙亲情乡谊、共话民生福祉、共商交流合作、共扬中华文化，成为规模最大，参与最广泛的两岸民间交流盛会，被誉为跨越海峡的"百姓论坛"。海峡青年论坛从时代需求出发，以"创新创业创造"为主要内容，从原本的区域性交流项目逐渐发展上升为一个全国性的两岸交流品牌，活动的内涵不断深化，涉及的领域不断拓展。海峡青年论坛不仅是

第二十一届海峡青年论坛在厦门举办

两岸经济文化的融合、蜕变和成长的重要见证者，更是汇聚了两岸人民的心血和感情。如今，这个曾经以理论探讨为主的论坛已经转变为推动两岸青年创业的"助推器"，致力于为两岸青年打造一个优质的交流与发展平台。

此外，福建省充分利用两岸特色文化，开展了"情系福建 茗香两岸——两岸文化联谊行"活动，向台湾青年展示了福建茶文化的独特魅力。同时，福建省连续举办了六届"匠心意蕴"闽台文创周，汇聚了两岸的文创品牌和青年文创业者。通过丰富多彩的文创主题市集、文创公益竞拍、两岸文艺展演等活动，推动两岸文创产业融合发展……这些品牌活动的塑造，得益于政府部门的高度重视和大力支持，也得益于两岸民间团体和广大民众的热情参与。可以预见，未来闽台两地将继续深化交流合作，打造更多具有影响力的品牌活动，推动两岸关系和平发展、文化繁荣。

## 四、交流机制常态化

福建省持续在促进闽台青年交流交往中下工夫，持续创新形式，不断推动台湾青年从单纯的"参访"向"共同参与"和"亲身体验"转变，将两岸青年的"联谊"活动发展为"常态联系"，建立了长期、稳定的交流机制。在此过程中，台湾青年在两岸交流中的积极性和活跃性不断增强，使得两岸交流更加深入、持久。此外，"海峡青年节"和"两岸青年信俗渊源寻根之旅活动"等，也都围绕特定的主题每年定期开展一系列丰富多彩的交流活动。随着闽台青年交流活动品牌化程度的不断提升，两岸青年之间的交流互动变得日益频繁。目前，通过一系列持续、稳定、制度化的安排，不断推动着福建与台湾两地青年之间的互动与交流，以实现两地青年在文化、教育、经济、科技、社会等各个领域的深度融合与发展。这些努力推动了闽台青年交流机制的常态化。作为台胞台企登陆的第一家园，福建省不断优化闽台青年交流平台，鼓励台湾青年在基层融合实践中了解大陆社会文化，比如参加社区志愿服务、乡村振兴服务、生态环境保护等活动，致力于搭建两岸青年交流与合作的坚实桥梁①。

## （一）共推乡村振兴促进闽台青年交流

自20世纪90年代末至今，一代代台农跨越海峡，来到漳平，在各项惠台惠农政策的扶持下，追梦、筑梦、圆梦，谱写了两岸融合发展的生动篇章，漳平台湾农民创业园也连续七年在国家级台湾农民创业园发展建设考评中位居第一。

1.漳平市岳山茶业有限公司

"这里有好山好水，还有我父亲的好茶。"出生于1984年的台湾青年陈耘嘉，辞去了台北一家科技公司的工作，"登陆"做起了"新茶人"。扎根福建省龙岩市漳平台湾农民创业园的陈耘嘉，是一名追随祖辈返乡的"台三代"，现为漳平市岳山茶业有

---

① 人民网.深化两岸融合发展 福建不断扩大闽台青年共同"朋友圈"和"事业圈"[EB/OL].http://fj.people.cn/n2/2023/0603/c181466-40442938.html

限公司董事长。岳山茶业有限公司被列为"两岸青年创业示范营"及"两岸青年交流基地",有效带动官田休闲旅游产业的发展,多次登上央视。个人获得福建省青年创新创业大赛一等奖和两岸融合贡献奖,2019年被评为福建省引进台湾高层次人才,2023年被评为福建省五四青年奖章标兵。

2015年,陈耘嘉来到其祖父陈岳山家乡与父亲陈宪智共同经营茶园。陈岳山出生于福建漳平官田乡,于1948年毕业后渡海到台任教,现为两岸知名书法家,陈岳山充满热爱家乡官田的乡土情怀,内心无时无刻为着乡梓繁荣发展而系念。2005年返乡投资,由子陈宪智负责开辟种植高山茶,在台湾先进的栽种培育下,所产的高山茶隽永优雅香气甘醇。2016年,陈耘嘉将茶园基地进行转型,成立岳山嘉茗茶庄园,在这深山茶园中,将老茶厂改装成茶馆及民宿,让旅人可以远离喧嚣浮躁,并推出制茶体验、茶道体验、

**航拍海拔千米高山上的岳山嘉茗茶庄园**

茶染、茶皂、冷泡茶等茶事体验。同年，岳山茶园即被列为"省级休闲农业示范点"。"那时候，就是希望可以带动家乡的经济发展。"接力祖辈"落叶归根"的乡情，陈耘嘉在海拔千米的高山上种高山茶，发展茶园休闲旅游；转型开发茶庄园，出任岳山嘉茗茶庄园主理人。2017年，陈耘嘉打造"岳山嘉茗"茶叶品牌，秉持传承概念，将其祖父的书法、父亲种的茶及自身的茶道艺术相结合，融入于企业文化中，展现茶香墨韵、三代传承的精神。并将茶园景观和茶园建筑物进行了整顿规划和改造，目前已建有禅意茶馆、景观民宿、餐厅、小木屋、会议空间、观景平台、登山步道、水中凉亭等；同时把老茶厂改装成观光茶厂，让旅客能了解制茶的工艺和过程，目前已被列为福建省现代观光工厂。"我们坚持不打农药，改变茶园种植方式，希望可以保护生态环境，同时让爱茶人喝上一杯天然、健康的好茶。"陈耘嘉说。

岳山茶园发展的同时，他不忘带动当地群众致富，向他们传授台湾茶叶生产的先进技术和管理经验，并常年聘用百名当地群众到茶园工作，加强对员工的业务培训，提升劳动者的素质，树立良好的保护生态环境意识和品牌意识。采用自然农法种茶，给陈耘嘉带来意外的惊喜。"在不打农药的情况下，会有很多小虫来啃咬茶叶，其中一种虫叫小绿叶蝉，茶叶被它叮咬后反而散发出天然的蜜香。"陈耘嘉以蜜香特色研制生态特色茶品，收到很好的市场反响。"茶能益人思，墨也兴茶风。"在岳山嘉茗茶庄园里，由陈耘嘉爷爷陈岳山书法和茶道相结合包装的文创茶叶，展现了陈家代代传承的茶香墨韵。受益于"农林22条"等惠台措施，陈耘嘉获得贷款贴息，茶园得到更好发展。在不同的季节里，岳山嘉茗茶庄园开发与茶相关的不同特色活动，让来到这里的游客不仅能看到美丽的日出云海，还可以亲自动手体验，享受创作带来的乐趣，"就是希望客人来茶园感受茶文化"。

　　岳山嘉茗茶庄园旅游项目的开发，促进了官田乡村旅游的发展。目前官田乡百姓以务农为主，种有许多的蔬果农产品，随着游客的增加，许多农家也转型开放采摘体验，百姓饲养的家禽销售量也随之提升。2019年，陈耘嘉与官田贫困户合作，共同开发高山蔬果产业，进而增加收益，造福地方百姓。他还将台湾的乡村旅游模式和小镇文创理念带入官田，与当地村民有更多的连结，发掘更多的本地特色，结合更多的农村体验，开展果蔬采摘、种菜、古迹巡礼、手工艺品制作、品尝当地美食等等乡村特色活动，让客人可以到每个村去深度体验农村，带动当地休闲旅游产业发展。

陈耘嘉带领同事品鉴茶道

陈耘嘉的项目陆续吸引许多台湾茶文化组织、台湾艺文界、台湾青年等来参访观光，并吸引多名台湾青年入驻创业，被漳平市政府列为"两岸青年创业示范营"及"两岸青年交流基地"。他来到漳平后，负责的"千人茶文化、茶艺培训推广计划"与漳平茶协会和多所学校合作，将茶道艺术进行推广，让茶文化深根地方，带动茶产业发展。"大陆乡村振兴的发展空间很大。"在陈耘嘉看来，每个地方都有每个地方的故事，以及文化，应该把它充分挖掘出来，"乡村振兴为台青扎根基层、建功立业提供了广阔平台"。

"希望有更多的年轻人回到家乡，和我们一起振兴乡村。"陈耘嘉表示，期待未来两岸乡建乡创合作越来越多，有更多的台湾投资者、建筑师、文化创意团队来大陆，参与村庄规划设计和乡村项目建设。陈耘嘉还积极参与官田乡的公益慈善事业，每年在官田学校发放奖学奖教奖金和礼品，资助敬老资金和妇女资金，赞助修缮宗祠的经费，疫情期间关心慰问防疫值勤人员，并积极参与官田的各项社会活动，受到官田乡亲的好评。

2. 福建漳平生富农场发展有限公司

陈濂丰是台湾人，2007年到父亲创立的茶厂——福建漳平生富农场发展有限公司帮忙，是他第一次来到漳平永福。但由于对茶叶认知度不高，陈濂丰在结束春茶制作后就又回到台湾，精细学习台式乌龙茶的制作工艺和种植技术。

2015年，他看到大陆的发展前景，再加上自身制茶技术的提升，便下定决心回漳平台湾农民创业园核心区永福镇定居。此后，陈濂丰更是一门心思扑在茶厂里。从茶园有机农法栽培管理、病虫害防治，到茶叶加工系统升级、机械化改造，每一道工序，他都了然于心。2018年6月，他获得由共青团福建省委颁发的"福建101台湾青年创业扶持计划创业之星"称号；次年还荣获龙岩市五四青年奖章。为了提升公司产品质量和价值性，他不断学习新知识新技术；在技术上，他更是将自己的经验所得倾囊相授。

**陈濂丰察看茶叶长势**

"在台湾，茶农一般就种两三亩茶，有本事也施展不开。而在永福，最小的台农茶场也有300多亩，发展机会和空间大多了。"陈濂丰说。

在生富农场，父子俩各展所长，分工明确：父亲负责茶园管理与维护，陈濂丰负责做青、炒青、烘焙等制茶环节。"父子档"强强联手，事业蒸蒸日上。

在茶叶店的一面墙上，挂着三块牌匾，分别是"漳平秋季茶王赛茶王""漳平春季茶王赛茶王""海峡茶会茶王赛茶王"。这几年，陈濂丰经常参加斗茶赛，这些佳绩均出自他的手。

当个优秀制茶师，只是陈濂丰的第一步，进军茶饮市场才是最终目标。"我已经注册了新公司，正在申请'御山晨露'商标，以后要做大自己的茶饮品牌。"陈濂丰认为，大陆现制饮品行业未来的市场空间有望超千亿元，其中茶饮店的增长势头最快。

他给记者算了一笔账：一泡小包装茶的茶叶量约为8克，可以做成一杯700毫升的茶饮，市价在10到15元。而500克普通乌龙茶，走传统销售渠道，一般就卖 300 元。如果把这 500 克茶改做茶饮，可以制成 62 杯 700 毫升的茶饮，按一杯 12 元算，可以卖 700 多元，收益翻了一番多。

"茶饮是未来趋势，它适合大众口味，符合年轻人快速消费、品质消费的爱好。要想做好茶饮，前提是茶叶品质和货源有保障，这恰恰是我们的优势，背靠永福高山茶产区，产量、品质和货源都让人放心。"陈濂丰说。这两年，漳平台创园为推进台湾青年创业创新，组织开办了"农产品电子商务研习班"等学习培训，陈濂丰总是积极报名。"创业者要跟上市场脚步，学习一刻不能停。"

"我喜欢这里的气候和环境，还有淳朴的民风。"陈濂丰说，来到永福后，他与村民关系融洽，谁家有喜事都会请他，"村民把我们当作自家人，亲得很。"

## （二）圆桌会议促闽台青年交流

在闽台青年交流机制化的过程中，两岸青年社团负责人圆桌会议具有显著代表性。作为海峡青年论坛的一个重要组成部分，该会议自 2009 年首次举办以来，已经逐渐发展成为两岸青少年社团定期议事、协商项目、推动合作的关键机制化安排。两岸青年社团负责人圆桌会议已经升级成为海峡青年社团圆桌会，每年定期举办。圆桌会议是两岸青年交流的组织化和专业化机制，旨在增进两岸青少年的友谊、增加青年对中华文化和中华民族的认同、促进青年发展。这表明两岸青年交流正在逐渐从个体交流向社团模式转变，形成更加稳定和有效的交流机制。在发展过程中，圆桌会议的内容日趋丰富，形式不断创新。会议不仅限于传统的交流方式，还包括新媒体、文创、体育等领域的合作与交流，为两岸青年提供了更多元化的交流平台。比如 2021 年海峡青年社团圆桌会发布了包括"走进双奥之城"两岸青年体育大联盟交流计划在内的 8 项 2022 年度海峡青年社团重点交流项目。这些项目涵盖了体育运动、社区治理、志愿公益、创新创业、传统文化、时尚文化、实习交流、就业服务等主题。[①] 经过长期的合作与发展，两岸青年社团已经初步构建起了基础性、骨干性的交流合作网络。这一网络不仅涵盖了区域性的合作框架，还紧密结合了各地的特色与传统文化，从多个方面推动了两岸的交流合作。

海峡青年社团圆桌会议

---

① 中国共青团.2021 海峡青年社团圆桌会在福建厦门召开[EB/OL].https://qnzz.youth.cn/qckc/202112/t20211210_13346149.htm

在交流机制常态化下，两岸青年交流还呈现出一个重要的特征：两岸青年社团交流的组织化、秩序化程度越来越高，青年社团组织也成为两岸交流的重要载体。一方面，两岸青年社团之间的交流活动往往需要经过官方或民间渠道的协商和安排，确保了交流活动的顺利进行；另一方面，青年社团自身也在不断加强内部管理，提升交流活动的质量和效果。这种组织化和秩序化的趋势，使得两岸青年社团之间的交流更加成熟、稳定。可以看到，由青年组织牵头，由文化和教育等相关部门提供指导和保障，不断创新形式和内容，将闽台两地的文化特色加入交流交往活动中，以建立兄弟学校、兴趣协会、青少年夏令营和高校学生社团联谊等形式，开展语言文字、儒家文化、民间习俗、传统技艺等展示与学习活动，有力地促进了闽台青年交流机制化、常态化。

为推进两岸青年交流交往常态化，福建省持续完善相关的制度化建设。两岸青年交流始终处在一个不断变化的环境当中，而制度化则是确保交流畅通无阻的有效保障。闽台青年能否得以持续合作，最终取决于两岸青年交流制度化建设的完善程度，从近年来福建省的对台活动发展来看，活动的层级越来越高，所创造的机会、搭建的平台以及构建的制度也日趋完善。随着"青年一代、基层一线"的两岸民间交流新思路的提出，闽台高校间透过深度合作，积极构建常态化的交流平台。目前，两岸数百所高校、中学已结成合作对子，几十家青年社团也逐渐建立并不断完善其设立的定期沟通、互访交流、合作协商等制度和交流合作机制。

## 五、交流渠道现代化

交流渠道是两岸青年交流互动的重要基础，充分的交流渠道和资源，为两岸青年提供更多的交流机会和平台。21世纪是信息化、全球化的时代，这为两岸青年的交流带来了前所未有的机遇。随着科技的持续进步，两岸青年的交流方式亦在不断创新。从书信往来的传统方式，演变至现今的网络社交平台，再到形式多样的线上线下活动，两岸青年的交流渠道日益现代化，且不断丰富与多样化。随着闽台青年交流活动种类的增加和交流效果的提升，交流的途径和渠道也不断拓宽。在闽台地区的高校之间，交流与合作日益频繁，成为一种常态。青年们通过诸如校际联谊活动、短期交换项目、学术研讨会等多种方式建立起广泛的联系与交流，随着参与人数的增加和活动规模的不断扩大，这些活动的影响力和效果也在逐渐提升。同时，政府相关部门和社会团体也在积极创新，努力为两岸青年的交流交往开辟新途径。除了传统的研学交流，还不断探索一些艺体竞赛、创新和创业、寻根探祖以及志愿服务等新的领域，促进闽台青年实现有效、多元和深入的交流。

特别是互联网的出现，极大地提高了两岸青年的信息传递速度和效率，使得闽台青年可以跨越地域界限，实时地进行沟通交流。无论是商业合作、学术研究还是日常生活，人们都可以利用现代化的交流渠道，如社交媒体、即时通信工具、视频会议等，轻松实现信息共享和协作。这种高效的信息交流方式不仅节约了时间成本，还提高了工作效率，推动了两岸社会的共同发展。利用微信、微博等网络平台进行沟通，不仅有效降低了两岸青年交流联系的成本，更打破了时空、阶层和性别的限制，使得两岸青年的交往更加自由、平等。借助互联网的便利，闽台两岸的青年们得以更加广泛地了解世界、认识世界，并促进了彼此间的深入交流和相互了解。[①] 数字技术发展催生两岸青年交流交往迈入"云时代"，如 2022 年在厦门举办的海峡青年社团圆桌会中，各项会议便以"线上+线下"方式召开，60 余家海峡两岸青年社团参加，取得了良好的会议效果，借助"云端"平台提供远程连线及技术支持，通过各种线上交流的形式，让无法亲临现场的台湾青年与大陆青年通过"云端"相会，参与互动。"线上+线下"的交流方式让闽台青年的交流合作得以更加通畅、更加及时、更加多元，大力提升了闽台青年交流交往的频率，提高了交流的效率，增强了交流的便捷性，为两岸青年交流交往活动拓展了新领域、提供了新途径、创造了新平台。再比如，在第十一届海峡青年节峰会上，提出了增强海峡青年节的青春温度，引入青年人喜闻乐见的时尚元素，如快闪、街舞、直播、电竞等，并用人工智能、虚拟现实等数字技术为交流赋能。[②] 此外，在两岸青年的文化传承活动、教育合作、创新创业等各方面，都高度重视互联网的运用。旨在通过互联网，构建一个跨越海峡、无缝对接的交流与合作平台，让两岸青年能够更紧密地联系在一起。

---

① 范周.互联网背景下两岸青年交流的新动态、新趋势与新思考[J].人文天下,2016,(08):29-32.

② 央广网.第十一届海青节 | 两岸青年齐聚峰会 以青春故事共创福祉[EB/OL].https://www.cnr.cn/fj/jdt/20230811/t20230811_526375752.shtml

第十一届海峡青年节峰会在福州举办

　　福建省长期以来致力于为两岸青年交流交往构建线上交流平台提供稳妥的设施、技术保障,确保两岸青年能够在一个稳定、高效的环境中开展交流和合作。一方面,福建省持续不断地朝探索建设中国海丝大数据中心、海上丝绸之路数据交汇节点和闽台两岸数据融通节点努力,有序推动数据中心、5G为代表的新型基础设施建设集约化、绿色化、智能化建设,有力支撑传统行业、重点领域数字化转型。根据福建省政府发布的政策,福建省计划于2025年底之前在全省建成数据中心标准机架数15万个以上,5G基站数12万个以上,基本形成贴近需求、布局合理、绿色低碳、智能高效、技术先进、安全可靠的一体化数据中心和5G运行格局。另一方面,福建省正在积极推进跨数据交互设施与技术的优化，以适应日益增长的数据处理需求。这一举措的核心在于将数据中心架构从传统的"云＋端"集中式模式转变为更加先进的"云＋边＋端"分布式架构，旨在更好地支持边缘计算，从而满足各种应用场景对低时延、高效率的严格要求。可以看到，福建省大数据的发展，与两岸青年交流交往密切相关。通过这些措施，不仅提升福建省本地区的数字化水平，也为闽台青年交流活动提供了强有力的技术支撑。当然，这种交流不仅限于技术层面，还包括经济、文化等多个方面，有助于促进两岸青年的相互了解和合作。通过优化数据交互设施与技术，福建省将为两岸青年的交流活动搭建了更加高效和便捷的平台，进一步促进了两岸关系的发展。

## 第四节　闽台青年交流在两岸青年交流中的独特优势

自古以来，大陆和台湾，两岸人民互相迁徙，相互交流。因此，两岸人民不管是在经济与文化，还是从历史和血缘上来看，早就已经是密不可分的一家人。而福建由于其特殊的地理位置，使得福建和台湾之间具备了天然的亲近感和民族情感，这为闽台青年之间的交流提供了优越的地理和人文条件。1987年，两岸青年第一次相聚在福州的平潭，从此两岸青少年的交流逐渐增多[①]。近年，中央出台了一系列的对台开放的政策，而福建作为对台交流的前沿，也积极推行对台开放。其中包括了学习、就业、生活、投资等多个领域。这些政策便利了两岸的交流、促进了两岸的人员流动，使得闽台青年交流在层次和规模上有了新的突破，也使得交流活动的质量和深度提高，效果显著。在推动两岸青年深入交流交往的进程中，福建始终坚持走前头，做表率，深化两岸融合发展。福建牢记使命，扎实深入推进两岸民间交流，积极建设两岸发展融合示范区，成为台湾同胞登陆的第一家园。

在中国古代，就有不少志书记载闽台之间的紧密关系。如《宋史》记载，台湾"在泉州之东，有海岛曰澎湖，烟火相望"。此外，《隋书》和明清的书籍中也有对台湾的记录。福建作为距离台湾最近的一个省份，致力于打造两岸交流平台、关键的交通枢纽以及贸易往来的重要节点。福建持续发挥优势，突出以通促融，紧扣合作链条，通过积极开放福建面向台湾的各种航线，不断增加往来闽台的航班和船班。当前，福建已经成功地打造出连接两岸的最方便快捷的交通路线，成为首个实现与台湾所有主要港口全面直航覆盖的省份。交通的便利有力地促进和提升了闽台间的通行效率，开展闽台青年之间的交流交往活动的便利化保障也得到了更进一步的完善。

---

① 来建强. 青春盛会永不落幕——记第十届海峡青年论坛［EB/OL］.http://www.taiwan.cn/hxlt/zhuti/ztltfour/qingnian/bobao/201206/t20120617_2746669.htm

## 一、血脉同宗同族：以情促融更有力

两岸一家亲，闽台亲上亲。自古以来，台湾与福建之间便有着同宗同族的血脉关系。据《台湾通史》载："历更五代，终及两宋，中原板荡，战争未息，漳泉边民渐来台湾。"[①] 福建是广大台胞最主要的祖籍地，在2000多万台湾汉族同胞之中，有80%以上的台湾民众祖籍来自福建，闽台之间的血脉相连。据相关档案资料显示，台胞大多是明清时期从泉州、漳州、厦门迁到台湾的，其中泉州籍占44.8%，漳州籍占35%。许多台胞的出生地、祖居地都在福建。台湾的很多姓氏和福建相同，这是因为很多姓氏是直接来源于福建的。台湾居民很多都是从福建迁徙过去的，台湾地区姓谱研究社在1987年发布的《台湾区族谱目录》显示，台湾所有的家谱中，有74%能够确定祖籍。在能够确定祖籍的家谱中，超过98%的家谱显示祖籍是来自大陆，其中，祖籍福建的占据的比例超过了一半。位于泉州市的中国闽台缘博物馆是泉州两座国家一级博物馆之一，它展示海峡两岸的海陆变迁等信息，是两岸血脉同宗同族的一个见证。该馆馆藏2万多件涉台文物，其中有两岸共同信仰的彩绘木雕妈祖坐像，有见证两岸商贸往来的铁钟，还有记录着郑成功收复台湾的荷兰原本《被贻误的福尔摩沙》等。自从该博物馆开馆以来，积极服务于两岸同胞的寻亲之旅，接待两岸同胞进行族谱查询，次数达400多次。闽南师范大学闽南文化研究院在

---

① 杨丽华，汤毓贤. 挖掘闽台文化共性促进两岸文化交流[J]. 福建文博，2010(3)：56-59.

2016年出版了《台湾族谱汇编》，其中包含了200多部台湾民间的家谱。这些家谱以历史事实证明了两岸同胞同宗同族，血浓于水的血脉关系。

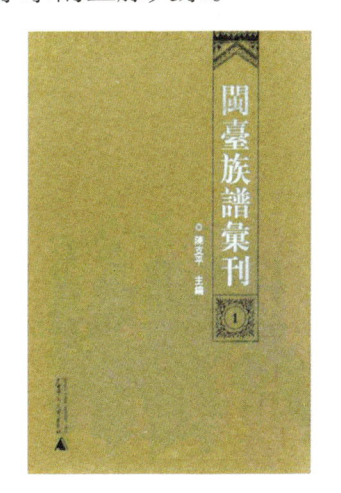

**闽台族谱汇刊**　　　　　　　　　**台湾桃园蔡氏家谱**

　　根据不完全的统计，台湾现有人口中有大约80%的人祖籍在福建，其中泉州和漳州籍的加起来有1200多万人。在福建的许多地方都进行了很多寻根谒祖，同宗同族互相交流的活动。2023年3月，在福建开展了第二届两岸青年信俗渊源寻根之旅活动，闽台青年们携手探寻祖辈的足迹；2023年5月，第十五届海峡两岸百姓论坛在厦门举行，海峡两岸姓氏文化研究专家齐聚厦门；2023年8月在福州平潭举办的首届"闽台寻根大典"，是闽台同胞姓氏的寻根活动，两岸学者共话两岸同胞"同心圆"。闽台之间由于特殊的血脉关系，交流相对于其他地区更加频繁。据统计，2019年从福建入境的台湾游客人数达到了387万人次，2020年后因受到新冠肺炎疫情的影响，来闽的台湾游客人次相比之前有一定的减少，2020年来闽的台湾游客约为83万人次，

2021年约为18万人次，2022年约为15万人次，但从以上的几组数据可看出，虽然受到不可控因素的限制，从福建入境的台湾游客人数依旧保持在一个较高的水平，入境人数均超过10万，由此可见闽台两地的人员交往交流相当密切。2023年1月7日，两岸"小三通"客运航线开始陆续恢复通航，复航一年来，福建省不断优化口岸通关保障，落实落细惠台利民举措，便利两岸人员往来，据统计，2023年闽台往来达124.9万余人次，其中两岸"小三通"航线客轮5200余艘次，旅客76.4万余人次，两岸空中直航飞机4400余架次，旅客48.5万余人次。[①] 两岸之间同宗同族，这种不可分离的亲情关系，能够拉近闽台青年距离、增进闽台青年内心认同、维系闽台青年之间的情感。闽台两地得天独厚的血缘优势有助于促进闽台两岸青年常来常往，促进两岸文化交流。

## 二、文化同根同源：以文促融交流更活跃

台湾地区的民间习俗、信仰、戏曲和艺术等是对中华传统文化尤其福建特色文化的传承。由于地理位置的接近和血缘关系的紧密，福建和台湾两地逐渐形成了共同的文化、宗教、民俗和方言等特点。台湾地区使用的语言主要是闽南语，其中部分原因是明末郑成功收复台湾之后，大批的福建人迁往台湾，到目前为止，台湾岛上有超过1200万人使用闽南语，大约占

---

① 2023年闽台人员往来124.9万余人次，中国新闻网，2024-1-26，https://www.chinanews.com/gn/2024/01-26/10153629.shtml

全省人口的 80%。语言是文化的传承和见证，它证实了台湾居民从祖国大陆迁移而来的历史。闽南人和闽南话不仅展现了闽台地区共同的文化起源，也显示了统一的中华历史文化的根基。对神灵的信仰也是文化的一部分，台湾岛有三分之二居民信仰妈祖文化，目前台湾全岛共有大小妈祖庙 2000 多座。妈祖文化是发源于福建的莆田市，闽台共同的信仰也促进了两岸的交流。为促进闽台历史文化交流，贯彻落实习近平总书记重要讲话重要指示批示精神，切实落实党中央、国务院关于"探索两岸融合发展新路"重要要求的具体举措，各研究机构成立了多个闽台方面的研究院，通过吸引外部资源并推广本地文化，以文化为桥梁，积极推动闽台在传统遗产、信仰、同名村庄、家族联系、文物和地方历史等方面的交流。其目的是传承和弘扬中华传统文化，促进两岸各领域的交流合作，帮助两岸青年加深相互理解和共识，从而增进两岸同胞之间的情感联系。如闽台历史文化研究院通过定期举办以闽台历史文化为主题的展览和学术讲座，为两岸青年创造了一个探索闽台历史文化的机会，让他们在这里激发思想碰撞，加深相互之间的交流。中国闽台缘博物馆"两岸家书展"等交流活动吸引了众多两岸专家、学者和青年。鼓励台湾青年学者参与到关于台湾青年在福建发展的决策咨询研究中，关注他们的需求和心声，以促进惠台政策的优化。

中国闽台缘博物馆举办"骨肉天亲 血脉相连——海峡两岸家书特展"

  闽台文化活动具有高度相关性。福建省依托闽台丰富的文化底蕴，目前已经成功创建了晋江五店市传统街区、三明尤溪朱熹诞生地、南平武夷山朱子故里等 26 个国台办批准的"海峡两岸交流基地"，成为大陆此类基地最多的省份。目前，福建已成为两岸民间交流最为活跃的区域，通过宗亲、乡亲、姻亲、信俗这四条重要纽带，定期举行民间信仰活动、族谱对接、寻根祭祖和宗亲联谊等，以加深两岸民间的联系和理解。福建每年都会举办许多的民间基层交流活动，有些是以宗亲为纽带，有些则是依靠姻亲或者历史文化为基础。海峡青年节已受到了两岸青年的热烈欢迎，福建也积极鼓励提倡文体、民俗等入岛活动，2023 年福建省开展了一批民间文化、体育、宗教等领域团体的入岛交流，海峡两岸少儿美术大展这样的活动已经举行，第十七届金门书展也在台湾岛内（包括台湾本岛、澎湖、金门、马祖）巡回展出。另外，福建的非物质文化遗产在台北夏季旅展上得到了展示后，组团赴金门参加第十一届厦金海峡横渡活动、海澄城隍金身入岛巡安，实现了2020年以来大陆神像入岛"零的突破"。福建已为两岸民间交流架起了一座"彩虹桥"，进一步促进两岸同胞心灵契合。福建凭借闽台之间深厚的文化纽带，已经形成了一股推动闽台青年交流的强大动力。

随着两岸同胞之间的交流越来越密切，闽台青年的关系也变得更加亲近。展望未来，在推动两岸关系和平发展的过程中，要通过加强人文交流来凝聚两岸青年的力量，引领两岸的未来方向，促进两岸青年在情感、价值观、认同和潮流上的融合。

## 三、经贸往来密切：以惠促融服务更贴心

台湾在历史上一直是祖国大陆通向海外发展贸易的重要枢纽。从宋代开始，泉州港和台湾北港就成为闽台两岸贸易、货运的主要港口，"一府二鹿三艋舺"，台湾北部、中部、南部都形成的商业中心，就是由"泉郊""厦郊"等闽南商帮主导的。清代以后，两岸经贸往来快速发展，闽台两地的渔民渔船同在一个海上捕鱼。据《厦门志》记载，乾隆年间，厦门与台湾鹿耳门港对渡的商船"向来千余号"，"大者可载六七千石，小者二三千石，贩运一次，获利数千余"。闽台居民的海上交往在任何时期都没有间断，台湾的很多农作物都是先民从福建输送过去，例如甘蔗等。

海峡两岸商业贸易活动息息相关，任何力量都不能阻挡两岸商贸关系的进一步发展。自从20世纪80年代中国开始实施对外开放政策，第一家台资企业于1981年落户福建起，闽台之间的经贸联系便开始变得更加紧密，双方在交流合作的范围上也变得更加宽广。截至2023年，福建省内的台资企业已超过1万家，实际利用台资超过320亿美元。①

在当前的政治环境中，福建在对台贸易方面的优势愈发显著，一系列政策的综合效果不断加强，有效支持了基层民众之间的交流。福建成功引进了132支台湾的乡建乡创团队，并且在现代农业、服务业、鞋服制造业等多个产业领域已经建立了完整的独立生产能力。海峡两岸最大的农业合作试验区坐落在福建，台资累计投资在大陆各省区市居第一位。台资农业企业先后进驻全省国家级台湾农民创业园。为了让台胞台企同等待遇政策落实落细，福建各地各部门纷纷打出"组合拳"，针对在闽创业台湾农民推出"台农贷"线上办理升级版、支持金马地区企业在闽登记，并且支持注册台资企业申报"福建老字号"。福州、厦门、平潭等地面向台青推出相应免租房和公租房，平潭在大陆率先实现台企注册业务"全程网办"；推动"三医一张网"建设，方便台胞办理医保、健保报销，推动台胞移动支付便利化，增设台胞办证窗口，提供"就近办""马上办""便利用"服务等，率先开展依据台湾"分科测验"成绩招收台生试点，对台招生人数创历史新高。一系列政策让台胞在闽就业创业更有保障，生活工作无

---

① 扩开放 福建突出"对台""港澳侨"优势，中国新闻网，2021-8-18，https://www.chinanews.com.cn/gn/2021/08-18/9546424.shtml

后顾之忧。平潭综合实验区正深入实施"一岛两窗三区"的发展战略，结合新的总体发展规划，努力打造成为两岸同胞的幸福宜居之地。福建推出的一系列优惠政策，以及日益频繁的商业合作，再加上闽台天然的商缘优势，这些都为推动闽台经济的深度融合和互利共赢打下了坚实的基础，也为促进闽台青年交流合作提供了优势互补、互利合作的平台。从安居到乐业，从追梦到圆梦，越来越多的台胞以"新居民"身份融入新家园。

2022年12月海峡两岸最大的石化合作项目——福建漳州古雷炼化一体化项目投入商业运营

## 四、立法保障权益：以法促融交流更规范

闽台两地有深厚的政治法律关系渊源，台湾从清朝康熙年间开始设立行政机构，一直延续到清朝光绪年间，台湾都是属于福建管辖。在台湾单独建省后，两地在行政、财政、教育等各个方面仍保持着紧密联系。由此可见，闽台在法律和法学方面有着悠

久的历史联系，两者共享相同的根源，并且保持着紧密的互联互通。得益于闽台法学历史传承的天然优势，闽台在法学和法律界交流不断取得积极进展。福建省是中国最早接受台湾同胞投资的省份之一，同时也是在涉台立法方面最早开始且成果最显著的省份之一。1988年11月，福建省对外经济律师事务所的负责人谭成祖与台湾律师吕荣海在香港中文大学举办的海峡两岸适用之法律理论与实务国际学术会议期间，共同签署了《海峡两岸法律合作意见书》，这标志着中华人民共和国成立以来两岸律师首次公开合作。2010年9月15日，《台湾地区律师事务所在福州、厦门设立代表机构试点工作实施办法》正式颁布并施行，福建成为大陆第一个设立台湾律师事务所机构的省份。2003年12月，闽港澳地区的十几家法学教学科研单位和学术团体联合台湾的中国文化大学法学院和台湾华冈法学基金会共同举办了首届海峡法学论坛，这一活动成为大陆地区最早建立的海峡两岸暨港澳法律界交流平台。[①] 根据相关统计，自1994年起，福建省人大常委会陆续制定了一系列涉台法规和政策。例如，保障投资权利的政策有《福建省台湾同胞投资企业登记管理办法》《福建省台湾同胞投资企业劳动管理办法》；保障就业就学的有《福建省闽台近洋渔工劳务合作管理办法》《福建省招收台湾学生若干规定》等专项涉台地方性法规。福建省涉台地方立法始终坚持以维护台湾同胞合法权益为主线，不仅专项涉台法规多，法规涉及的社会关系也较为广泛，不但为调整台湾同胞投资保护关系作出了贡献，还

---

[①] 郑清贤.法缘相循频创先——闽台法学、法律界交流与合作回眸[J].人民政坛，2012(1)：32-33.

有效地规范和保护了台湾学生来闽就读、闽台近洋渔工劳务合作、台湾船舶停泊、台湾同胞捐赠等两岸交流的进行。福建在处理涉台司法事务上勇于先行先试，积极探索新方法，成立了海峡两岸仲裁中心，设立了平潭综合实验区人民法院，建立了专门针对涉台案件的社区矫正基地。此外，福建首次引入台籍陪审员和调停员，这些举措显著提升了闽台司法实践的效果。

平潭综合实验区人民法院

福建省始终坚持从实际出发，把依法保护台湾同胞的合法权益作为涉台地方立法的主线，根据福建省经济社会的发展，不断拓展台湾同胞合法权益内容和形式，丰富台湾同胞在福建省的权益保护方式，推动涉台事务管理迈向规范化、法制化。也有效地巩固和发展了闽台交流交往的成果，闽台两地深厚的法缘也为闽台两地青年交流提供了深厚的历史根基与法理关系，对推进两岸全面交流与合作有着积极作用。

## 第五节　闽台青年在交流交往中存在的问题

两岸青年在交流合作过程中，不可避免地存在一系列局限和壁垒，在一定程度上限制了两岸青年交流的深度与广度。总的来说，闽台青年交流交往主要面临以下四个方面的问题。

### 一、文化差异与认知障碍影响交流

两岸青年在语言、习俗、价值观念等方面存在着明显的差异。两岸青年在一些文化观念上存在认知上的障碍。例如，在台湾文化中中国传统文化占有重要分量，但同时它也受到了西方文化的影响，大陆则更加重视强调中华优秀传统文化的传承与创新。[①] 在语言沟通上，虽然普通话是两岸交流的官方语言，福建方言主要属于闽语支，包括闽南语、闽东语、闽北语、闽中语和莆仙语等。而台湾地区的主要方言是闽南语和客家语，其中闽南语在台湾的使用最为广泛。在交流中，台湾青年普遍使用闽南语、客家话等地方语言，而大陆青年则普遍使用普通话。这种语

---

① 吴宜.两岸文化交流的障碍与出路[J].统一论坛，2015,(02)：20-22.

言使用习惯上的差异可能在闽台青年的交流过程中造成理解障碍，从而影响沟通的效率和深度。特别是在非正式的交流环境，如社交活动或网络沟通中，这些差异可能会引发误解和隔阂。因此，在家庭观念、教育理念、婚姻观念、生活方式等方面，闽台青年存在着不同的认知模式，这会影响到他们之间的交流和理解。

社会经济因素也对两岸青年的交流交往造成了制约。由于经济发展水平的不同，两岸青年在就业机会、社会福利等方面存在着较大的差异。这种差异可能导致双方在交流过程中产生不平衡感，进而影响了交流的积极性和深度。比如两岸的就业市场存在明显差异。大陆地区由于经济快速发展，提供了更多的就业机会和职业发展空间，吸引了众多台湾青年前往探索和就业。相比之下，台湾地区虽然拥有较为成熟的社会福利体系，但就业市场相对饱和，青年面临较大的就业压力。这种差异使得两岸青年在交流时可能会产生心理上的不平衡，影响了双方的互动和沟通。两岸社会福利体系的差异也是一个重要因素。

## 二、交流不对称及交流机会不均等

从两岸交流互动的情况来看，呈现不对称交流状态的问题。尽管福建省在推进两岸青年交流方面做出了努力，但交流渠道和机会在不同群体间可能存在不均衡，这可能导致某些青年群体在交流中受益较多，而其他群体则受益较少。为了鼓励和支持广大台湾青年到大陆发展，福建省推出了一系列涵盖学习、生活、工作等领域的优惠政策。对比之下，大陆青年前往台湾交流的机会相对较少。这种不平衡不仅限制了大陆青年对台湾文化、社会、经济的深入了解，也阻碍了两岸青年之间的深入互动和友谊的建立。

以教育教学为例，近年来大陆积极招收台生，降低学测门槛及提供系列奖助学金等就学方案，福建省也特别对台胞子女在闽就读实行"欢迎就读、一视同仁、就近入学"政策，为来闽求学的台生提供"同等待遇"。而在台湾方面，福建省包括整个大陆前往台湾就读的学生逐年减少，当前，台交换陆生还不及千人。通过调查不少福建青年是有意向到台湾求学的，而由于对陆生的各项不公平、不合理的制度性限制以及怀有偏见的社会氛围，让大多数闽籍学生望而却步。[①] 同时，福建省实施了闽台师资联合培养计划、台湾教师入闽工程等举措，旨在促进两岸教育繁荣发展。而台湾老师来陆进行文教交流受阻，影响了两岸教育资源的共享与互利合作。

台湾地区社会资源分配的不均衡对民众的日常生活产生深远影响。目前，台湾地区最好的社会资源，如教育、医疗、就业机会等等都集中于台湾北部。而中南部地区社会资源明显匮乏于北部。根据"价值变迁理论"，一个社会的区域经济发展差异性会对其区域政治认同产生不同的影响。换句话说，那些经济相对落后的区域，其政治文化往往倾向于"物质主义"，在这些地方，人们的政治态

---

① 新华网.大陆高校师生团飞抵台湾开启交流参访之旅［EB/OL］.http://www.news.cn/tw/2023-07/15/c_1129751299.htm

度大多以"经济安全"为首要考量。[①]因此，体现在两岸交流问题上，台湾北部地区和台湾中南部地区呈现的差异较大。北部的居民普遍受教育程度较高，他们在两岸交流中可能更加开放和积极，更愿意接触和了解大陆的最新发展。而南部地区的居民更多地从事传统产业，对大陆的了解和接触相对有限。因此，他们在两岸交流中的态度可能更加保守，对大陆的认知也可能存在一定的偏差，他们更为关注的是如何将水果、海鲜等卖给大陆以提高生活水平的问题。此类现象也反映在南北台湾青年身上。北部地区青年在两岸交流中表现出更大的开放性和积极性，他们更倾向于从宏观的角度看待两岸关系，关注政治、经济和文化等多方面的交流与合作。中南部青年更不愿意接受两岸交流，更倾向于关注实际的经济利益和生活改善。同时，在两岸青年交流方面，两岸相关部门虽然给予了部分经济赞助，相对于高昂的交通费用，这部分经济赞助并不充足，这客观影响了部分希望参与两岸交流但是在经济上存在困难的青年群体。

## 三、互联网的双刃剑效应带来挑战

网络社群媒体当前已经成为青年日常生活中重要的工具，在两岸青年的交流过程中，他们也越来越多依赖网络作为主要的交流方式。网络新媒体交流已经成为两岸青年交流合作的新渠道，然而，在信息传递、共享的过程中，也逐渐暴露出一些弊端，给两岸青年进一步深入交流带来了一定的挑战。

---

① 能武.两岸青年互动与交流的助力与掣肘：以文化治理的观点[J].统一论坛，2020，(06)：64-66.

社交媒体使用不对称造成两岸青年隔阂。在互联网交往过程中，两岸青年在社交媒体使用上的不对称现象逐渐显现，主要表现在以下几个方面。一是在平台选择上，大陆青年普遍使用微信、微博、抖音等本土社交平台，这些平台在大陆具有极高的普及率和影响力。相比之下，在台湾青年方面，脸书、推特、Instagram、Line 等社交平台占据了更大的市场。① 二是在使用习惯上，大陆青年在社交媒体上的活动往往与电子商务、在线支付紧密相关，如通过微信支付进行日常交易。他们还倾向于使用这些平台进行新闻获取和社交讨论。而台湾青年则更倾向于使用社交媒体进行个人表达、社交互动和娱乐。例如，Instagram 在台湾青年中广泛用于分享个人生活和旅行照片。三是在内容偏好和内容消费方面，大陆青年更偏好短视频和直播内容，如抖音上的短视频和直播购物。而台湾青年则更倾向于图文内容和长视频，如脸书上的文章分享和 YouTube 上的视频观看。这种差异部分是由于地区性政策和市场导向的影响。不仅反映了两岸青年在数字生活方式上的不同，也可能导致他们在信息接受和观点交流上的不对称，从而影响彼此之间在社交过程中的理解和沟通。当两岸青年在社交媒体上接触到不同的信息和观点时，他们可能在某些议题上持有不同的立场和价值观。

自由开放的网络造成交流理性的缺失。互联网的匿名性和即时性容易导致两岸青年的情绪化交流而非理性讨论。一方面，互联网的即时性意味着信息传播速度快，反应时间短。这种快速的

---

① 华夏经纬网.新媒体已成为维系、增进两岸青年了解的中坚力量[EB/OL].https://big5.huaxia.com/c/2022/03/09/1043186.shtml

反应机制可能导致用户在没有充分思考和评估信息的情况下做出情绪化的回应。另一方面，互联网的匿名性有时会助长网络暴力和言语攻击。情绪化交流在两岸青年互联网交流中表现为言辞激烈、立场对立、缺乏深入讨论和相互理解等。在互联网时代，信息传播的速度和广度前所未有，但这也为不实信息和恶意言论提供了温床。一些不负责任的媒体为了吸引眼球、增加点击量，往往选择性地报道或完全捏造事实，导致两岸青年接收到的信息充满了误导和偏见。这些错误信息在青年心中扎根，使得他们在面对真实情况时难以做出客观判断，甚至可能产生过激反应。

在两岸青年的交流过程中，社交媒体只是沟通的工具之一，我们需要通过多方面的努力和合作来增进沟通与理解。

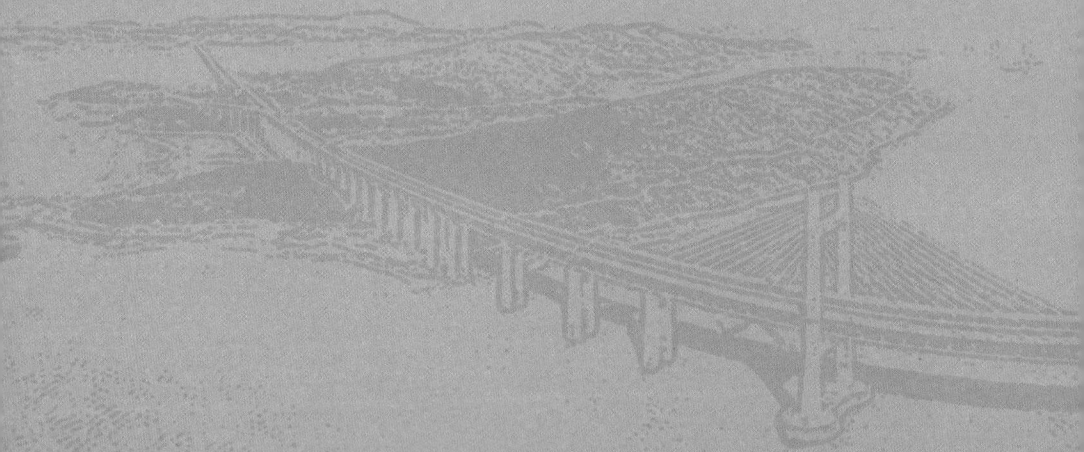

# 第三章 闽台青年交流促进两岸情感融合

交流项目的多样化促使越来越多的台湾年轻人选择前往大陆进行商务活动、就业、学习、家庭访问和旅游等。在过去几年中，海峡两岸年轻人之间的互动取得了显著的进展，不仅促进了双方年轻人在思想和情感上的交流与融合，提高了台湾年轻人的文化认同，也加深了大陆年轻人对台湾社会发展的理解和认识。此外，这种交流还加强了两岸年轻人之间的心灵契合，为两岸关系的和平与稳定发展打下了坚实的基础。本章旨在通过结合社会接触理论、协商民主理论以及"连缀社群"概念及其影响机制，对两岸年轻人交流的影响进行评估，旨在为闽台青年交流的增进提供更有价值的建议。

## 第一节 两岸青年交流的理论机制

一定的理论机制能够为海峡两岸青年交流交往提供理论支持和政策建议，当前两岸青年融合发展的理论机制主要包含"群际接触""连缀社群""协商民主"等。两岸青年交流合作的进程中创新、发展、丰富了理论机制，更加完善的交流交往理论机制也反过来作用于海峡两岸青年交流的实践，理论与实践相互作用，助力了两岸融合发展。

## 一、群际接触增进闽台青年间的了解

接触是指人与人、团体与团体彼此互相结合过程中，初次相交的阶段。① 直接的交流和接触一直被视为是消除偏见和解决分歧的手段，其中著名的理论是艾尔伯特（Gordon W.Allport）提出的"接触假说"。根据艾尔伯特的观点，在社会心理学的框架下，群际冲突主要由三个因素引起，即认知上的刻板印象、情感上的偏见以及行动上的歧视。这些冲突的根源在于不同群体之间信息的缺乏或误解。群际接触通过促进理解、减少焦虑和增加共情等方式，有助于改善群体间的关系。接触的效果能够泛化，并且通过多种方式进行，增加了群际接触理论在政策制定中的实际应用价值。艾尔伯特的研究指出，"刻板印象"源自于根深蒂固的偏见，这些偏见通常是群际歧视和冲突的起点。然而，当不同的族群之间进行频繁的互动时，两个原本陌生的群体会逐渐变得熟悉并开始理解对方，这有助于打破双方的刻板印象，避免以过于简化的方式看待不同族群的成员。

直接的接触经验能够改变既有的态度，例如频繁的互动可以增强群体间的信任，缓解紧张和敌意，拉近社会和情感的距离。总的来说，接触假说认为，在缺乏群际接触的情况下，两个陌生的群体往往会对彼此有误解，增加不同群体成员之间的接触有助于改善群体间的关系。其核心机制在于，频繁的接触

---

① 林新棠.社会接触及旅游体验对台湾的意象之研究：以中国大陆游客为研究案例［D］.台北：中国文化大学，2013.

帮助不同族群识别彼此的相似之处，并逐步消除对外团体成员同质性的误解，增加相互的吸引力。此外，当人们遇到能够挑战自己刻板印象的特殊个案时，也会促使他们改变原有的看法。

随着大陆经济和社会环境的显著进步，台湾青年在就业和创业方面获得了更多的市场及发展空间。中央和地方政府推出了一系列政策，旨在吸引台湾企业和青年到大陆发展、学习、工作和生活，这为越来越多的台湾青年提供了发展机遇。台湾青年参与大陆的交流项目，不仅有助于修正他们对大陆的刻板看法和偏见，还能增强对祖国大陆社会的信任感，并在一定程度上减少对大陆的负面看法。根据群际接触理论，通过两岸青年的交流活动，双方通过频繁的互动，关系可以从陌生转向熟悉，最终建立相互信任。通过各种实践体验和情感交流，两岸同胞能够在认知上逐步消除偏见、改善彼此的刻板印象，缩短社会距离，增强正面的相互认知。每年的寒暑假期间，福建省举行各式各样的交流活动，为两岸青年提供成为朋友、建立友谊的机会。经常参加这些活动的青年更容易跨越海峡建立深厚的联系。相反，那些未曾参加过两岸交流活动的台湾青年，由于缺乏直接接触，往往难以理解对方，也难以建立起信任感。

然而，群际接触带来的积极效果是有条件和限度的。如果违背了理想的接触条件，可能会导致负面的接触效果。如文化差异和利益冲突等问题，不是单靠群际接触就能彻底解决的。社会接触理论将接触分为"熟人式接触"和"偶然式接触"两种形式，前者通过互动增进了解和信任，有助于减少成见或消除负面印象；而后者由于缺乏深入了解和信任的基础，反而加剧偏见。因此，在推进两岸青年交流的过程中，如何引导大陆青年树立良好的行为规范，发挥积极的示范作用，是值得深入探讨的问题。通过这种方式，可以更有效地促进两岸青年之间的理解和友谊，为两岸关系的和谐发展作出贡献。

## 二、"连缀社群"促进两岸青年交流交往

从最初的人员互访开始，两岸交流逐渐扩展到经贸合作，进而覆盖学术、文化、教育、宗教以及科技等多个领域，最终甚至拓展至政治层面的互动。随着时间的推移，两岸在经济、社会、文化等方面的低政治化交流变得越来越频繁。

在两岸间高度流动的这一群体被称作"连缀社群"（Linkage Community）。这一概念首次在文献《从"多系统国家"到"连缀社群"：一个整合分裂国家的新概念框架》中被提出。"连缀社群"的成员拥有既属于大陆又属于台湾的双重身份和地区认同，他们的生活安排紧密连接着两岸，这与那些具有排他性、只认同一个地区并选择在此地区扎根的"地域社群"不同，与那些生活和工作遍布全球、认为全球布局能超越任何单一地区的"全球社群"有所区别。目前，"连缀社群"在两岸间的流动已成为一种趋势，并且以台商、台企为代表的群体在不断扩大，他们成为两岸"连缀社群"中重要组成，在两岸关系中扮演着极其关键的角色。这些群体的存在和发展拉近了两岸的空间距离，使得两岸的交流更加深入到民众日常生

活的各个层面。台商和台企不仅是两岸社会融合的先驱，他们之间的相互交流也促进了两岸青年在各个领域的合作与交流。在当前两岸关系的大背景下，"官方冷淡、民间热络"的现象被称为"连缀社群"的新型交流模式，其主体在两岸间的流动中起到了不可或缺的作用，特别是在推动两岸融合方面显得尤为重要。

两岸青年是两岸关系未来发展的希望和动力，青年群体正在逐步成为连接两岸的新型"连缀社群"，在经济贸易、政治政策、文化交流、教育合作等多个方面发挥着越来越重要的作用。与过去相比，两岸青年在参与学习、就业、寻根谒祖等交流活动时，形式从以往的个体互动逐渐转变为以团体形式进行的合作交流。这种转变不仅促进了两岸交流向更深入、更多元化的方向发展，而且还使得两岸青年的交流活动逐渐建立起了制度化和组织化的渠道。在这一进程中，两岸青年的社团组织扮演了极其重要的角色，它们凭借强大的组织性、秩序性和联合性，有效地集聚和整合了两岸的资源，更好地解决了交流过程中遇到的问题。通过参与两岸组织的学术交流、竞赛、参访、文化寻根等团体活动，这些交流活动不仅人数众多、规模大，而且内容丰富多元，相较于个体交流，体验性和互动性更加显著。特别是诸如"两岸青年社团负责人圆桌会议"这样的活动，在推动两岸青年互动交流中发挥了重要的促进作用，标志着两岸年轻一代在促进两岸关系发展中的作用和影响力不断增强。

台湾青年在寿宁奔赴"青村之旅"

## 三、协商民主增进了两岸青年间的共识

协商民主是在党的领导之下，遵循人民主权相关原则，强调在公共利益的基础上，公民通过理性的公共讨论达成共识，为立法和决策过程提供合法性的一种现代民主形式。这种民主形式中，自由平等的公民以公共利益为共同追求，通过理性的协商过程，凝聚共识。协商民主理论侧重于参与者之间的对话、讨论、辩论和审议，目的是在理性的基础上达成民主共识。该理论认为，虽然协商不一定能消除所有分歧，但它能促使参与者理性思考，帮助他们理解形成不同观点的根源，并在此基础上达成一致。2019年1月2日，《告台湾同胞书》40周年纪念会上强调要将协商民主作为解决两岸和平统一问题的途径之一。这意味协商民主作为一种民主形式，适用不同的政治制度和环节之中，贯穿国家政治

与社会生活的各个方面。此举旨在提升国家治理的科学性和民主性，确保人民真正实现当家作主。在两岸青年交流中，充分践行协商民主，能够为两岸青年增进共识提供一种基于相互宽容和尊重的相处模式。这有助于青年们在交流中自由表达自己的利益和价值观，促进双方青年之间的相互理解，有助于消除两岸民众之间的分歧和矛盾。通过这种方式，台湾同胞在生活方式、财产权益、宗教信仰等方面的尊重和保障得以在制度和法律上得到实现。

1979年1月1日《人民日报》头版刊发《告台湾同胞书》

采取民主协商的方式，对于促进两岸青年特别是台湾青年的理性认知与感性认同，具有重要的意义。民主协商不仅是一种政治沟通机制，更是一种文化交流和心灵沟通的桥梁。通过这种方式，可以让两岸青年在平等、尊重的基础上，分享彼此的经历和观点，在深入的交流互动中，逐步消除误解和偏见，建立起相互理解和尊重的交流交往方式。这种互动过程中的理性讨论和情感交流，有助于两岸青年特别是台湾青年对大陆的认知逐渐趋于客观和全面，改变可能存在的刻板印象，增进情感上的互信，从而在认识上达成共识。民主协商的实施，恰恰体现了在坚持原则性的同时，对不同意见和需求展现出的灵活性，这种原则性与灵活性的统一，不仅有助于解决当前的分歧和矛盾，更为两岸关系的长远发展奠定了坚实的基础。

两岸人民同根同源，血缘相连，共享着深厚的文化和历史纽带。为了促进两岸融合发展，必须致力于消除隔阂，增强双方的彼此认同，避开单方面或无效的要求和主张。基于共享的文化和血缘基础进行的协商民主，能够有效地解决两岸在意识形态认同上的问题，促进两岸人民心灵的深度融合。中华传统文化中的"和合"思想，体现了政治智慧的精髓，其中"和"意味和谐与平等，"合"象征融合与统一。这一概念强调了对立面之间的相互转化与统一，与协商民主理论倡导的包容性、多元性以及主体间平等、民主对话的理念高度一致。因此，将协商民主理论与中华传统文化的"和合"精神结合，不仅是对传统文化的创新性转化和发展，也为两岸增进互信、认同感提供了文化基础。将协商民主理论应用于国家统一的过程中，有助于增强两岸对统一目标的共识，消除制度和意识形态上的障碍，为构建两岸命运共同体奠定扎实基础。协商民主理论成为两岸关系和平稳定发展的重要途径，为两岸各界之间的正常化交流提供了协商机制。对于两岸关系而言，加强两岸青年的交流是推动和平稳定发展的关键。台湾青年的态度对两岸关系的未来走向具有重要影响。通过两岸青年的积极互动，不仅促进了经济社会的融合发展，还巩固了两岸关系的和平稳定基础，增强了两岸交流的民意支持。如《中共中央、国务院关于支持福建探索海峡两岸融合发展新路建设两岸融合发展示范区的意见》出台后，26名福建省全国人大代表先后到厦门、漳州，专题调研"两岸融合发展示范区建设"，既了解两岸通航情况，也认真询问两岸金融合作现状；既与台湾青年亲切交谈，又实地察看台商企业生产经营。代表们不断思考破题之路："要通过文化引领，为台湾师生在闽提供更好的就业学习环境。""要多站在台企台青的角度，总结好经验好做法，破解他们在就业创业、金融合作等领域遇到的难题。"……从推动闽台高等教育融合发展，到医疗健康产业协作，从涉台法律研究，到对台科技合作与交流等多方面，代表们都提出了实实在在的建议和对策。《意见》出台两个月后，福建省发布《中共福建省委、福建省人民政府关于贯彻落实〈中共中央、国务院关于支持福建探索海峡两岸融合发展新路建设两岸融合发展示范区的意见〉的实施意见》，再度引发各界高度关注。一场由全国政协召开的"加强两岸产业合作打造两岸共同市场"远程协商会恰逢其时。协商会专门设置福建分会场，住闽全国政协委员及省政协委员近40人参会。而如何支持福建建设两岸融合发展示范区成为当天会上热议的焦点问题，不少全国政协委员纷纷支招："加强组织统筹推进，建立常态化部省联席会商机制，制定和组织实施闽台产业融合重点项目行动计划。""支持福建打造两岸区域性金融服务中心，鼓励更多台企参与国家金融市场发展。"委员们的发言干货满满，在相互碰撞和交流中，为推进建设两岸同胞心灵契合、情感融洽的"第一家园"贡献出了智慧与力量。调研、协商、座谈交流，为代表委员们打开了更广阔的履职视野，也更敏锐捕捉着关键问题。开展闽台戏曲文化交流试点、发挥海外侨胞优势推进两岸融合发展、打造惠台利民政策先行先试高地、加强两岸高层次人才交流……翻阅过去一年的履职"成绩单",一件件聚焦融合发展所需、台胞台企所盼的建议和提案,都得到相关部门的认真倾听和真诚回应。代表委员们表示,两岸融合发展,既是大义,更具大利,只要包括两岸同胞在内的所有中华儿女同心同德、团结奋斗,就一定能够汇聚起促进祖国统一和实现民族复兴的磅礴伟力。2024年1月23日,在福州举行的福建省政协十三届二次会议上,作为列席人员的"90后"台湾青年陈筱婷积极表达心声诉求。[①]

2024年1月23日,福建省政协十三届二次会议以助力打造台胞台企登陆第一家园为议题之一,福建省政协邀请台湾青年列席政协全会,参与政协调研、座谈、考察等活动,也鼓励他们上台分享融入大陆的亲身经历和对政协协商民主的体验、感悟,凸显台湾青年"主人公"角色定位。2022年底,"走进政协·台湾青年说"主题分享活动首次在福州举行,从事自媒体工作的陈筱婷曾登台分享其在福州创业的历程。在此次政协会议上,陈筱婷再次分享她扎根大陆的故事。2021年以来,她在福州从事文旅、文创新媒体运营,分享"福文化"和福州的环保成效,在海内外深受欢迎和支持。"我希望通过新媒体的力量,让更多人看到台湾青年在大陆生活、创业的真实历程。"得益于鼓励台胞来闽就业创业的政策措施,陈筱婷考取了互联网营销师,并获得人社部门补贴。"我也积极推荐给许多台湾的朋友,让更多台湾青

---

① 春光作序启新程——写在福建省全国人大代表和住闽全国政协委员赴京履职之际,东南网,2024-3-3,http://fj.people.com.cn/n2/2024/0303/c181466-40763184.html.

年通过考试留在这里就业创业。"她希望发挥台湾环保领域的优势，让两岸青年在环保、新媒体等方面有更多接触、对话。与往年列席会议台胞多是老台商或各地台协会长不同，2024年年轻面孔更多，成为此次政协会议的一个显著特点。而且，他们的职业更加多元，有教师、医生，亦不乏餐饮、文创、艺术培训、医疗、科技等各行各业的青年创业者。多名"90后"台湾青年接受中新社记者采访时表示，在协商民主实践中发出他们的声音，让他们更有参与感、主体感。[①] 福建省政协还依托"海峡号"融媒体中心推出"两岸同心""台胞观陆"系列报道91期，打造"两岸故事"深度融合新平台，在文化交流、情感交融中凝聚建设两岸融合发展示范区的强大力量。同时，福建省政协聚焦探索海峡两岸融合发展新路，就闽台高等教育、社区治理、迁台记忆等议题开展专题协商、重点调研、提案督办，港澳台侨、教育界委员及界别民众踊跃参与，提交调研报告近200篇，台湾同胞积极连线、务实建言，共同为加快推进两岸融合发展示范区建设献智出力。

在两岸关系和平稳定发展的进程中，增进共识和互信不仅是两岸关系向前发展的必要条件，也已成为两岸交流发展的明显趋势。加强海峡两岸青年之间的交流与互动，不仅是增进相互理解和信任的有效途径，也是推动两岸关系长远和平稳定发展的战略举措。在这一过程中，通过文化、教育、科技、体育等多领域的深入交流，可以为两岸青年搭建更多互动平台，促进他们的相互了解和友谊，从而在两岸关系的和平稳定发展进程中发挥更加积极和建设性的作用。

---

① 台湾青年列席福建政协会议 参与感提升，2024-1-23，中国新闻网，https://www.chinanews.com.cn/gn/2024/01-23/10151422.shtml.

2024年1月22日，福建省政协十三届二次会议在福州开幕，部分列席会议的台胞和部分福建省政协委员在大会前合影留念

2023年6月5日，福建省政协采取党内党外联合、省市区政协联动的方式，围绕"联学共商——发挥政协优势，服务祖国统一大业"召开座谈会。会前，与会人员走进素有"明清古建筑博物馆"之称的福州三坊七巷内，实地参观福州台湾会馆，现场追溯两岸源远流长、同心共治的历史，聆听两岸交流交往的温情故事，深入学习领悟新时代党解决台湾问题总体方略。"我们持续以中华文化为桥梁、以亲情乡情为纽带，做大做强海峡论坛'同名村心连心'系列活动、台胞青年千人夏令营等活动品牌。""建议聚焦同等待遇的落实，重点围绕台青、台商、台企，创新工作平台和渠道，引导台青台企融入大陆产业发展。"……会上，委员们纷纷结合全省对台工作一线实际，就如何发挥政协优势、服务祖国统一大业谈感受、提建议、话发展，现场气氛热烈。福建省政协常委、台盟福建省委会专职副主委许勇铁认为，

台情研究工作应该成为台盟的看家本领,"我们将围绕探索海峡两岸融合发展新路、两岸经济融合等主题深入调查研究,并深化与对台研究机构的交流合作,积极开展前瞻性涉台研究,推进祖国统一大业。""当前,两岸青年交流活动创新意识较弱,仍以参加论坛、参访调研、夏令营等内容为主,缺乏与会人员之间的交流和互动。"福州市政协委员、台盟福州市委会秘书长谈张德提出,两岸青年交流活动应融入当下年轻人喜闻乐见的活动形式,深化两岸青年各层次、各领域的深度交流。"团结是政协优势所在,职责所系。"时任全国政协常委、福建省人大常委会副主任江尔雄表示,要发挥政协优势,加强理论研究,深入阐述中国新型政党制度的伟大创造性,为夯实中国新型政党制度话语体系提供理论支撑;要拓展中国新型政党制度对台宣传功能,提升对台中国新型政党制度话语传播效率,提升新型政党制度对台宣传主导权、主动权,强化新型政党制度对台湾同胞的影响力、感召力、塑造力,真正实现两岸同胞心灵契合。"人民政协作为最广泛的爱国统一战线组织,发挥对台工作的独特优势、服务祖国统一大业,是各级政协组织、政协各参加单位的职责所系,更是福建政协的使命所在。"省政协主席滕佳材表示,要充分发挥人民政协的优势作用,建立健全两岸交流联谊的长效机制,用好中华文化这个共同的精神纽带,多层次开展文化交流、多形式深化民间往来,唤醒两岸共同的民族记忆,激活共同的民族基因,持续拉紧闽台同胞心灵契合的纽带。①

---

① 唤醒两岸共同的民族记忆——福建省政协召开服务祖国统一大业座谈会,2023-6-27,华夏经纬网,https://www.huaxia.com/c/2023/06/27/1719461.shtml.

如何让更多台农"愿意来、留得住、融得进、发展好"？如何形成更多小而精、小而特、小而优的闽台农业特色品牌……近日，福建省政协召开"促进闽台农业融合发展"专题协商工作座谈会，政协委员与省农业农村厅、省台办、省发展改革委、省科技厅、省自然资源厅等单位相关负责人面对面沟通，听取新成效，点赞好做法，推动解决堵点难点问题。福建是对台工作的前沿，闽台农业交流合作是福建农业的特色，也是两岸融合发展的亮点。据了解，30多年来，闽台农业合作从最初引进台商台青从事初级农产品的小规模生产起步，逐步向资金、品种、技术、市场、管理等一揽子引进转变，从种养等第一产业向农产品加工、运销以及旅游休闲等农村二、三产业融合发展。截至目前，全省累计批办台资农业项目超3000个，农业利用台资的数量和规模持续保持大陆首位。对此，委员们建议：在建设两岸融合发展示范区和全面推进乡村振兴的大背景下，要充分学习借鉴台湾农业在经营理念、农业组织、乡村建设等方面的好经验，助推福建省农业产业升级。同时，强化优势产业合作，促进涉台农业园区"质""量"双提升，积极创建"乡建乡创""侨台赓续"类型示范村，发挥两岸青年群体作用，深入开展"我为台农办实事"活动，合力营造闽台农业融合发展的良好氛围。"促进闽台农业融合发展，是建设两岸融合发展示范区的必然要求，是推动全省农业提档升级的客观需要，也是人民政协围绕中心服务大局、打造'为闽协商、为民服务'品牌的具体举措。"福建省政协副主席严可仕表示，要聚焦土地、金融、标准等闽台农业融合发展的堵点难点问题和台商台农台青关心关注的热点问题，不断提升建言献策的含金量，为助力闽台农业融合发展、建设两岸融合发展示范区贡献政协智慧、展现政协担当。[①]

福建处于两岸融合发展最前沿，是两岸融合发展的先行区，"探索海峡两岸融合发展新路"始终是福建省代表委员建言献策的焦点。福建省政协代表委员们认为，两岸同胞血脉相连，要着力以"情"促融，深化交流交往，加深相互理解，增加互信认同，同心共圆中国梦。作为台籍全国政协委员，福建省台联会长江尔雄又一次聚焦两岸融合参政议政，所提交的3个提案都与此有关。在其中一个提案里，她深情回顾了几百年的闽台迁徙历史。"明清以来，福建先民大规模迁徙台湾，在'唐山过台湾'的悲欢离合中，两岸同胞走过共同的历史，拥有共同的记忆。"江尔雄说，这种悲欢离合深深地触动了她，因为父辈有过相似的经历。亲情是人世间永恒的话题，两岸同根同源、同文同种，江尔雄相信，海峡两岸有千千万万的同胞珍藏着共同的记忆。在她看来，承载这种共同记忆的主要载体，就是大量散落在民间的两岸家书、契约文书、老照片等涉台文献资料。"两岸家书是'两岸一家亲'的有力证明，每封家书的后面都述说着一段感人的两岸故事。启动征集、抢救和保护流落在民间的珍贵两岸家书刻不容缓，它不仅具有历史价值、文献价值，对于增加台青的认同，树立正确的史观，具有现实意义。要让文献背后的两岸共情故事广为人知。"江尔雄认为，两岸应联手开展双向征集工作，多渠道广泛搜集迁台人物和家族亲友的生

---

[①] 福建省政协就促进闽台农业融合发展进行专题协商 为建设两岸融合发展示范区贡献智慧，福建省政协官网，2024-04-08，http://www.fjzx.gov.cn/yw/19014.jhtml。

平逸闻，对征集到的两岸家书深入研究，及时召开学术研讨会、座谈会，条件成熟时可以举办展览，设立"两岸家书博物馆"，并争取上升为更高层面乃至亚太和世界文化遗产保护项目。

全国政协委员、南平市台联二级巡视员陈建华常年在基层奔波，调研了解在闽台青融入情况，既帮忙解决实际困难，也通过联谊等活动促进两岸同胞心灵契合。2024年春节前夕，在南平市台联等单位组织的迎新春活动中，陈建华和就地过年的台青们共叙情谊，喜迎农历虎年。"两岸同胞过着一样的传统节日，这是无法抹去的文化认同。"她说。中华文化是两岸同胞心灵的根脉和归属。在各类闽台交流中，文化交流活动占比大，是推动各领域融合的催化剂。陈建华介绍，近年来，不少台青通过文化交流活动走进八闽青山绿水间，接受中华文化的洗礼，增进对祖国大陆的了解和感情。为了更好发挥文化的纽带作用，她提交提案，建议在南平设立国家级朱子文化博物馆，进一步推动中华优秀传统文化创造性转化、创新性发展。

全国政协委员、台盟中央常委、泉州市政协一级巡视员骆沙鸣同样重视文化在两岸融合中所发挥的作用。2023年，在全国政协委员读书活动中，骆沙鸣担任《台湾历史纲要》《两岸关系40年》这两本书的领读人，他深感这是一次凝聚两岸青年共识的有意义履职。今年他在提交的提案中建议，搭建寻根谒祖综合服务平台，为台胞寻根谒祖提供方便；开发全国性寻根之旅线路和台青研学线路，借助VR、AR等技术，增强线上线下的寻根体验感、互动感和沉浸感，深化文化认同，促进民心相通。深化共同文化记忆，守护共同精神家园。2023年，海峡论坛、海峡青年节等活动成功举办，两岸人文交流持续深化，两岸同胞更加走近走亲。2024年春节，"跨越海峡的新春祝福"、海峡两岸春节焰火晚会、"两马同春闹元宵"等活动，又以"福"文化为纽带进一步促进了两岸同胞的心灵契合。

秉持以"情"促融的理念，全国人大代表、平潭综合实验区海坛街道东门社区党委书记薛玉凤实践多年。她认为，进一步扩大两岸民间交流、深入挖掘两岸共同的文化根脉，是以"情"促融最真挚的表达。薛玉凤特别提到了平潭探索两岸"共同管理"、引进台青参与基层社区治理的创新举措：近年来，平潭累计引进64名台湾社区营造师，其中主要是台湾青年，在86个村（居）开展闽台融合试点，组织开展当盛村生态农业等10多个项目。去年，平潭还首次引进4名台青社工，参与社会公共事务管理和服务。薛玉凤密切关注在大陆台青的发展需求。她建议，要为台湾文艺工作者来大陆参加文艺交流研学提供精准对接、创作空间等服务，打造"艺术家+渔民+政府+互联网"文创模式，让两岸师生多交流。对于着眼于基层、着眼于青年的以"情"促融探索，全国人大代表、台盟中央委员、厦门市人大常委会副主任陈紫萱也有共识。"要充分发挥海峡两岸交流基地作用，进一步落实台胞同等待遇政策，增加他们对祖国大陆的认同感。同时，提供更多途径帮助台青融入当地社会。"陈紫萱说，要营造两岸青年的集体记忆，形成情感联结。陈紫萱认为，社区是两岸民间交流的重要载体，在台胞居住较为集中的地区，应强化社区涉台服务功能，鼓励台胞参与社区活动，邀请台胞将台湾的社区服务和公益活动形式介绍到大陆社区，促进两岸社区融合发展。"同时，以中华优秀传统文化为引领，邀请更多台青参与当地文化活动，以文化活动带动观念融合。"①

台湾青年陈筱婷列席福建政协会议 　　全国台企联副会长陈奕廷发言

2023年"走进政协·台湾青年说"活动

---

① 情融两岸 同心逐梦，福建省政协官网，2022-03-08，http://www.fjzx.gov.cn/wcmthc/14573.jhtml.

## 第二节 两岸青年交流的影响评估

### 一、两岸青年交流的动力因素

两岸青年共同的价值愿景、长期的情感联结为实现两岸融合发展提供了源源不断的动力支持。在两岸青年交流交往这一过程中,两岸青年之间的良好互信、利益耦合、社团协作模式、相近的文化习俗成为源源不断的推动力量,有助于推动两岸经济社会可持续发展。两岸同胞逐步形成相互依赖的命运共同体,两岸民众的幸福感、获得感将持续增强。

#### (一)互信是两岸青年合作的核心动力

信任建构的过程是一个依赖异质性主体之间的多次博弈,是一个逐步实现信任积累,最终实现良好互信、循序渐进、反复多次、呈螺旋式上升的过程,而多元主体间有效的信任建构能够降低主体间共同行动的成本。两岸互信是海峡两岸同胞在彼此的交流、互动过程中的相互信任,其内容涉及多领域互动中的信任。两岸互信是两岸青年交流合作的核心动力,也是两岸实现融合发展的动力源泉。国家发展成效充分彰显了社会主义制度的优越性，在闽台湾同胞通过亲身体验大陆发展带来的各种红利，感受到生活的进步，能够增进信任。

台湾自古以来就是中国的一部分，海峡两岸同文同种，同宗同源，共属于中华民族，血浓于水，情融于心。两岸共同的民族文化和共同的发展愿景为两岸民众进行交流交往提供了天然的互信基础，使两岸青年在交流交往的过程中能够实现心意相通，相互理解。两岸融合发展前景光明，两岸青年交流交往稳定向前，只要两岸同胞齐心协力、共谋发展，必能共享发展硕果，共创两岸繁荣与发展。

## （二）利益耦合是两岸青年交流的现实基础

两岸青年的利益耦合为两岸青年持续交流交往合作提供了源源不断的动力，各项两岸青年合作交流项目使两岸青年在各个领域逐渐成为利益共同体。在利益耦合、共同行动的过程中，两岸青年协调融合，感受交流合作带来的利好，台湾同胞也不断改变对大陆的片面看法，成为两岸融合发展的现实性推动力量，促进了两岸同胞在交流中实现共同的价值追求。

台湾青年部分有着丰富的创业经验和独到的创新性构想，有的拥有过硬的专业素质，市场运营经验相对较为丰富。而大陆产业基础扎实，能够为其提供广阔的市场，可以多方位协调资金统筹、提供相关技术支持、保障员工的稳定来源，能够做好创业就业所需的维稳性的、刚性的基础保障工作等，这些都有助于台湾同胞的创业构想落地实施，进而进行大规模化的生产经营，也有利于建立起系统化的产业链。福建省始终坚持以最大的诚意推进两岸融合发展，并在这个大目标下为两岸同胞发展寻找利益耦合点，通过多种形式实现"愿景可视化"，推动两岸构建一个"人人有责"的利益共同体。利益耦合使得两岸青年在交流合作的过程中意识到促进两岸共同发展与实现自身的利益诉求并不相违背，在实现两岸融合发展这一目标的同时，也能够实现自己的利益诉求，甚至能够更好地实现自身的利益诉求。因此，青年们自发地从仅关心个人利益转变为关心两岸社会的公共利益，在此过程中，青年们的主人翁意识也不断提升，渐渐从追求自身发展转变为"为人民服务"，在两岸融合发展进程中贡献出自己的力量。近年来，福建省用心搭建了多领域、多类型、多层次的一系列融合发展平台，助力台商台胞共享发展机遇、安心扎根大陆，为台湾同胞在大陆创业就业提供了强有力的后盾。两岸优势互补，彼此支持，共同行动，在合作交流中不断实现共赢，不断为加固两岸青年的交流交往提供坚固的现实基础。

台湾青年聚南安畅谈发展机遇

## （三）社团协作是两岸青年交流的助力模式

随着两岸青年交流交往领域、范围、层次的不断拓展，催生了稳定的交流机制平台，其中，两岸青年社团作为两岸青年交流交往活动的助力平台，发挥着至关重要的作用，青年社团是一个能够促进多元主体进行有效协作的集体，其拥有着共同的目标和共同的文化，是一个具有可持续性运转机制的组织。对青年社团来说，推动两岸青年交流交往的难点在于自身活动空间的拓展和组织业务的发展，而作为两岸青年交流交往中的关键行动者，青年社团并不具备政府部门所持的"政治势能"和"政策资源"，其性质主要体现为社会组织。因此，愿景共识、利益耦合、情感认同等较为柔性的融合方式是青年社团组织两岸青年进行合作交流的核心机制，协商议事则是青年社团引导两岸青年形成统一共识的重要路径。除提供专业的相关服务外，青年社团利用灵活的耦合方式聚合全社会的资源，通过多元协商化解两岸青年在交流过程中产生的冲突等也是其专业能力的重要体现。两岸青年社团为两岸青年交流交往提供了一个极具拓展性的议事平台及相应机制，成为吸纳和整合海峡两岸青年的主体。青年社团具有组织性强、社会资源整合能力高、秩序化高的特点，因此依托青年社团开展交流交往活动的模式比零散的青年个人交往模式更具有理性判断力、社会资源整合能力和高效的行动力，交流交往的效果也更为突出。

目前，随着福建与台湾青年之间的互动与交流活动不断深化，已经促进了包括两岸学生论坛、两岸青年社团负责人圆桌会议、两岸青年联欢节等一系列标志性的青年社团交流项目的发展。例如，台湾与大陆的科技社团之间的互动就显得尤为突出。2023年6月，在福建省厦门市成功举办的海峡科技专家论坛中，首次开展了两岸科技社团的高级别对话，围绕科技创新、科技社团的交流与合作、科技社团的建设等主题进行了深入的探讨和交流。这种交流促成了两岸科技社团之间的优势互补和资源共享。由于台湾的科技社团大多是由学者自发组成的，且台湾的大学没有经营产业的权限，这使得台湾科技社团在将研究成果转化为实际应用方面面临诸多限制，影响了其作用发挥。相比之下，福建省的高校和企业拥有将科研项目转化为实际应用的优势，存在着良好的合作机制。因此，台湾的中华公共事务管理学会一直积极推动闽台科技社团的交流与合作，与福建省科技社团携手，为两岸科研机构之间的成果转化搭建了合作平台。此外，该学会还组织了3000多名台湾青年赴大陆进行交流，共同探讨科研想法。通过举办学术讲座、联合出版学术刊物、组织交流座谈会等多种合作活动，两岸科技社团的交流取得了显著成效。这些交流活动不仅深化了两岸的科技交流，促进了闽台融合发展，还为实现闽台在高水平科技自立自强方面不断贡献智慧与力量。

青年社团为闽台青年交流交往提供了一个有效整合信息、资金、技术、人员等社会资源的全新平台，有力地促进了交流过程中的信息传递，有利于加快建立两岸同胞之间的相互信任、相互理解、通过讨论达成一定的共识，进而形成一致的利益共同体，以不同的青年社团作为交流单位，通过各个不同的青年社团进行相互交流、分享经验，闽台青年交流交往的范围与传统交流模式相比，涉及的范围更加广阔，接触的领域更加全面，获取的信息也更加有效。

台湾青商总会到晋江参访交流　　　闽台两地青年组织缔结友好社团仪式

## （四）同文同种是两岸青年交流的内源动力

海峡两岸文化相通、血脉相连，为两岸同胞结成情感共同体提供了得天独厚的优势。情感共同体与行动共同体的不同点在于，行动共同体是利益导向下的共同生产，情感共同体是基于价值、信任、情感触发的共同生产。为此，主体之间产生的源源不断的理性价值之外的、深厚的情感联结是促进彼此间真正的认可与接纳的精神动力，是维持两岸青年交流交往活动持续运转的关键动力。两岸青年在交流交往的过程中逐渐由不熟悉发展到熟悉，由相遇到相知，两岸间共同的文化传承、文化认同发挥了很大的作用。

台湾地区文化是中华文化的组成部分，两岸同胞有着源远流长的历史文化关系和相同的文化基因，台湾地区的文化无论是从历史、内容、表现形式上都深深地浸润在中华传统文化中，中华传统文化在台湾地区始终占据着主导地位。中华传统文化崇尚伦理道德，注重人际关系的和谐，讲究"以和为贵"，追求达到阴阳平衡的状态，具有崇尚和谐的价值取向，两岸文化同属于中华传统文化的一部分，共有着这种以和为贵的价值标准，这种文化传统是促进两岸青年交流合作的认同基础。

两岸人民扎根于中华历史和文化中，形成了共同的文化表现形式，大陆和台湾地区都使用汉字，汉语是中华民族的通用语言，这为闽台青年交流提供了最基础的语言环境。台湾地区的大部分民众讲闽南语和客家话，台湾地区的传统民居建筑是中国建筑艺术文化风格的一部分，其装饰艺术风格大量继承了闽粤地区的建筑风格，含有大量闽粤建筑元素。两岸的民间风俗习惯也如出一辙，都过中国传统节日，如春节、元宵节、清明节、端午节、中秋节等，饮食习惯和菜系也与闽粤地区相似，都含有客家菜系、闽南菜系、粤式菜系等。这些文化习俗充分体现了两岸共同的血脉传承，这些文化相通之处能够为闽台青年交流提供源源不断的精神动力。回顾台湾的历史，从台湾岛初辟到如今的繁华景象，先民们付出了艰辛的努力，吃苦耐劳、勤奋打拼的优良品德与"天行健，君子以自强不息"的打拼精神是中华民族精神在台湾地区的传承和发展最鲜明的印证。在这些共有的传统美德下，最初陌生的两岸青年带着文化的亲近感，渐渐成为彼此的"自己人"，培养起了深厚的感情基础，这种理性之外的情感联结让闽台青年自愿投身于建设两岸共同的家园的事业中。

2024 年 4 月马英九携台青开展大陆寻根之旅

## 二、闽台青年交流的阻碍因素

从认知和印象层面来看，闽台青年交流交往的态势良好，取得了良好效果，有效地加深了两岸青年的良好互信，尽管如今闽台青年之间的交流和之前相比已经完善、丰富了许多，但与经贸交流相比，闽台青年之间的交往进步空间还很大。具体而言，主要存在以下几点阻碍。

### （一）台湾地区"台独"分裂势力的阻挠

"台独"势力不断借助社会媒体和操纵青少年教育等手段，宣扬"台独史观"，鼓吹"去中国化"的阴谋论，伺机误导台湾青年的文化认同、民族认同和国家认同，极其不利于整个社会建构正确的民族观、历史观。民进党"台独"当局企图抹去台湾社会内带有中国或者中华文化特征的符号与标识，这些举措都冲击着台湾地区的民众对中华民族、中华文化的认同，对台湾地区青少年塑造人生观、世界观方面的影响极其负面。这些扭曲客观历史事实的行径，于台湾社会的发展、民众认知的塑造都有着巨大危害。民进党当局严格管控台湾地区的学校与大陆学校的交流交往，禁限大陆人员赴台进行交流，造成两岸人员往来正常化受阻。对赴台就读的大陆学生采取种种歧视和限制措施，赴台就读大陆学生的正当权益得不到保障等错误行径，是两岸青年交流交往的最大障碍之一。

## （二）社会舆论乱象误导青年群体的认知

网络新媒体等平台的蓬勃发展大大促进了新闻资讯的传播和个体意见的自由表达，社会舆论在网络新媒体等载体上的传播方式具有注重交互式的特点，在这种交互式互动交流的过程中，青年逐渐形成一定的认知，形成对社会、对国家的认同感。但随着信息技术的广泛普及，也催生了一些负面现象，台湾地区的社会舆论深受传统媒体的影响，台湾的传统媒体多为党派斗争的工具，岛内很多媒体"绿营化""台独化"现象严重。这些代表不同党派利益的传统媒体通过议程设置、制造热点、建构舆论，利用社会舆论造势，传播虚假信息，伪造大陆经济社会发展落后的假象。以抹黑大陆、引导民众情绪的方式，达到其政治目的。加上特定媒体通过发布片面、不实信息，不断强化和固化民众错误想法，极大地影响了台湾青年一代对大陆的客观认知。

此外，社会舆论乱象下，闽台青年群体的情绪疏导问题也值得注意。新媒体让闽台青少年的交流交往的时效性变得更强，交流的频率也随之变得越来越高。同时，因各自生活环境、教育方式与内容、社会制度等差异与矛盾也不可避免地显现出来。差异和矛盾如处理不当，容易引起双方的愤怒、怨恨、焦虑情绪，若这些感性的负面情绪无法得到及时的疏导，理性、客观的内容将会被大大压缩，负面情绪的长期积聚也会造成闽台青年交流交往的意愿大大降低。

民进党当局的操弄，极大地阻碍了两岸青年的正常交流，不利于台湾青年正确了解大陆的政治、经济、社会、文化真实的发展状况。这容易使群际矛盾在青年交流领域开始激化，导致台湾青年对大陆的群际偏见水平升高，因此，在新的社交媒体迅猛发展的当下，有必要进一步研究社会舆论对两岸青年交流交往的影响，进一步关注两岸青年在交流交往过程中的情绪疏导问题，以及如何有效发挥舆论的正面作用，引导舆论朝着加深两岸互信、促进两岸同胞心灵契合的方向发展。

## （三）闽台青年交流导向差异降低交流效度

目前，海峡两岸在交流的方向性上存在一定的差异，这种差异阻碍了闽台青年在合作与交流中的同步推进，从而影响了交流的效果。福建省致力于组织和推动各种两岸交流活动，旨在加深两岸青年之间的情感联系，同时为台湾青年在大陆的实习、就业和创业提供全方位的服务与支持。鼓励两岸青年共同参与到海峡两岸关系的和平与融合发展中来，分享大陆高质量发展的机遇，帮助台湾青年在大陆实现自己的梦想。而台湾当局对两岸青年交流交往在暗中实行了各种阻挠手段干扰。两岸青年的交流交往"拉动力""推动力"发挥作用不均衡。

## 三、闽台青年交流的社会意义

### （一）频繁的交流与接触能够缩减闽台青年之间的社会距离

青年作为两岸交流与社会融合的使者和强有力的推动者，在两岸关系和平发展进程中扮演着极其重要的角色。2023年4月，马英九先生领导一批台湾青年前往大陆，与三所高校的学生进行座谈交流。在这次交流中，双方均强调加强两岸青年交流的紧迫性。许多随同马英九先生来访大陆的青年是首次"登陆"，在短短十几天的交流中，他们表示自己的看法和体验与以往大不相同。与台湾媒体上的负面报道不同，他们感受到了大陆青年的友好、热情和亲切，同时也目睹了大陆的巨大发展成就。这样的接触不仅促使双方产生了相互吸引和信任，从最初的单一印象转变为正面评价乃至好感，对于缩小双方的情感和社会距离发挥了重要作用。

2023 年马英九带领台湾青年学生与大陆 3 所高校青年学生座谈交流

随着闽台交流规模的不断扩大，闽台青年在推动两岸民间交流方面的作用日益凸显，他们的交流和交往覆盖了社会生活的各个层面和领域。这种广泛而深入的交流不仅极大地缩短了闽台之间的地理和社会距离，而且其影响力逐渐渗透到了闽台民众的日常生活中，促进了闽台之间的相互理解和认同。在当前的背景下，随着台湾青年与福建民间联系的平台变得更加多元和广泛，有过"登陆"生活经验的台湾青年通过多种社会接触逐渐改变了他们的认知和态度。近年来，随着大陆经济的快速发展和国际影响力的不断提升，越来越多的台湾青年被广阔的社会发展市场所吸引，选择赴福建就业、求学和生活。此外，计算机技术的快速发展和网络新媒体的广泛普及，为闽台青年提供了一个在网络虚拟空间里进行接触、沟通和学习的新平台，这不仅增强了闽台青年之间的亲密感和熟悉度，而且有效拉近了跨时空的社会距离感知，为闽台关系的和平发展搭建了坚实的人文基础。

为了推动闽台青年交流的顺利开展，吸引更多的台湾青年来福建发展、学习、就业，福建省相继出台了一系列利好政策。这些政策旨在给予台湾青年同等待遇，从而保障和增进台湾同胞的利益福祉，让台湾青年深切感受到来自祖国大陆的善意与热情。

通过这些政策的实施，闽台青年交流活动得到了有效的促进和深入发展，密切的沟通交流加深了闽台青年群体之间的情感认知，强化了台湾青年的集体记忆，有效改善了原有的刻板印象。这种支持和加强闽台青年交流的做法，一方面为台湾带来了显著的经济效益和社会效益，为闽台之间的物质资源和精神资源置换提供了宝贵机遇，推动了闽台在经济社会、文教、经贸等方面的融合与发展。另一方面，闽台青年交流也极大地促进了大陆与台湾民众之间的情感联络，有效化解了部分青年认知中的分歧，为两岸关系的和谐发展奠定了坚实的基础。通过这些举措，福建省不仅为两岸青年提供了广阔的发展平台，也为进一步促进两岸交流合作、共谋发展大计作出了积极贡献。闽台青年之间的频繁接触和交流有助于消除先入为主的偏见，增强社会间的信任，提升彼此的好感，从而促进两岸的融合与发展。台湾的青年一代通过到福建进行实地体验式交流，亲身体验大陆的社会环境和文化风情，与福建人民的直接接触，逐步纠正了他们之前的误解和片面看法，对大陆的社会环境、经济进步和社会发展持积极评价。

在华侨大学任教的博士后台青张立齐领取"台湾居民定居证"

台湾姑娘陈滢贞安家福建福鼎和谐共融庆新春

值得注意的是，根据群际接触的原理可知，群际接触的积极效应是有条件和存在限度的，严重违背最优条件可能会对群际关系造成负面影响，产生反作用，而诸如群体文化差异和利益竞争等问题也无法在群际接触的理论框架中得到彻底的解决。例如，在两岸青年交流的过程中，某些大陆青年的行为举止不符合道德规范的话，台湾青年就会对大陆产生负面印象，进而减弱推进两岸融合发展的意愿，所以在两岸青年交流交往的过程中，大陆方面应发挥示范作用，"正人先正己"，规范好自己的行为准则。

## （二）闽台青年交流可以建构两岸青年间的认同

对于参与闽台交流的青年来说，通过参加闽台的交流活动，他们能够更直接地感受到对方的社会和文化，建立起相互之间的信任，形成共识，从而推动两岸青年交流活动的进一步展开。这不仅帮助大陆的青年更深入地理解台湾社会，纠正了一些认知上的误区，也使得闽台青年之间的联系和情感进一步加强，一定程度上改变了台湾青年对大陆的固有看法。

闽台青年通过合作为双方创造共同利益是一个双赢的选择。在闽台青年交流的过程中，双方的了解将会增加，共识将会扩展，基于此形成的闽台社会间的信任将成为交流顺利进行的基础。部分台湾青年对两岸的看法会有积极的变化。随着交往的增加，闽台青年将形成共同的行为模式和规范，通过互动构建共有的知识，促进观念和身份的认同。建构主义理论强调了两岸人员交流的必要性及其机制化、制度化的重要性。台湾青年将他们在大陆的经历和感受分享给家人和朋友，有助于让更多的台湾人深入了解大陆，消除对大陆的误解，缩小两岸人员之间的差异和隔阂，加深相互的理解和认同。这进一步促进了台湾同胞对国家观、历史观、文化观的正确建立，为融合发展奠定了坚实的民意基础。

厦门沙坡行台湾青年创业基地　　泉州台青创业园

## （三）闽台青年交流助力两岸经济发展

两岸频繁的商业往来为两岸人民带来了诸多发展机遇，两岸青年间的交流交往活动拉动了两岸相关产业的发展，为两岸经济融合发展注入了源源不断的动力。祖国大陆资源丰富，气候宜人、人才优越，劳动力充足，针对台商出台了一系列投资设厂等优惠性政策。通过大陆举办的相关交流交往活动，能够使闽台青年对彼此的发展机遇有更深刻的了解，对彼此的需求有更精准的定位。台湾青年创业者对大陆经济产业的发展优势有更深入的了解，就会更有意愿来大陆投资兴业，实现两岸经济发展的共赢。

此外，福建省也积极通过闽台青年的交流交往活动为台湾同胞提供实习就业创业工作，为他们提供施展才华的平台，积极鼓励台湾青年来闽发展，引进先进人才和先进技术，为大陆经济发展注入新的活力，为两岸共同进步发展创造新机遇。

1. 平潭台湾创业园国家级海峡两岸青年创业基地

（1）基地概况

台湾创业园位于平潭自由贸易区金井镇兴港中路 5 号，占地 8.6 万平方米，总建筑面积 22.22 万平方米。园区以打造产业集聚、服务集成的现代服务业发展高地和两岸青年创业者的"共同家园"为目标，规划有两岸青年创业基地、科技企业育成中心、跨境电商产业园、中小企业总部、商业配套区五大功能区。园区重点引进两岸青年创业项目和创业服务机构，旨在为两岸青年搭建低成本、便利化、全要素的创业平台；同时积极探索"一园多地"（一个台湾创业园管理服务，多个创客实践基地）模式，进一步强化台湾创业园的辐射和服务功能，目前已在澳前台湾小镇、磹水风韵古村、北港文创村等地设立创客实践基地，并为其提供政策解读、扶持措施兑现、管理等服务。该基地总体定位为"企业开办最优地、台青双创首选地、台胞登陆第一地、两岸文化融合地"；产业定位为"现代服务业、跨境贸易业、文化创意业、信息科技业、金融服务业、生物健康业"。

（2）基地荣誉与优势

2015 年 12 月获评福建省创业创新示范中心，2016 年 8 月获评国家级"海峡两岸青年创业基地"，2016 年 9 月获评"福建省现代服务业集聚区"，2017 年 12 月获评"福建省小型微型企业创业创新示范基地"，2018年10月获评"福建省高校毕业生创业孵化基地"，2019年12月获评"福建省级创业孵化示范基地"，2020年10月获评"平潭综合实验区首届人才驿站"，2021年11月获评"劳动人事争议调解中心"，2021年12月再次获评"福建省小型微型企业创业创新示范基地"。

该基地具有扶持政策优厚、区位优势突显、配套设施完善、运营服务专业等优势。平潭作为距离台湾岛最近的大陆地区，是东南沿海对台贸易和海上通商的中转站、福建省5个对台贸易港口之一和全国首个台轮停泊点和台胞接待点。园区位于平潭综合实验区金井湾商务片区核心腹地，平潭海峡公铁两用大桥开通后，纳入省会福州半小时经济生活圈。从基地配套来看，该基地建有36栋园林别墅型办公楼宇，红色砖式建筑，与区内2.2万平方米绿地及景观交相辉映，西边毗邻天牛河公园，环境清幽雅致；多媒体会议中心、培训室等商务配套齐全。生活配套上，两岸英才新村1000套公寓拎包即可入住；国学书吧、创客餐厅、创客酒吧、创客咖啡厅、健身房、电影院、篮球场等满足多元化生活休闲需求。

公共配套上，福建师大平潭附中、平潭一中（新校区）、赛尔国际学校、麒麟小学、如意幼儿园、福建协和医院平潭分院、平潭综合实验区行政服务中心、两岸仲裁中心、平潭综合实验区人民法院自由贸易区法庭，平潭综合实验区检验检测中心等提供教育医疗等公共便民服务。目前园区搭建有商事、人力资源、法律咨询、政策咨询、财务及税务咨询、专利技术申报等服务体系平台；同时，入驻园区的孵化器管理机构、众创空间管理机构为创业者提供便捷专业的服务。

截至 2023 年 12 月底,台湾创业园有签约入驻企业 192 家,其中台资企业 52 家;2023 年签约入驻企业 25 家,其中台资企业 7 家;从业人员逾 1500 人,园区创业就业台胞约 185 人。总可租赁面积 17 万平方米,已租赁使用 8.2 万平方米,剩余可租用面积 8.8 万平方米,年租金物业费收入约 900 万元。

(3)发展前景

采取以链补链,以商招商。实现园区产业聚集效应,以集成电路产业、跨境电商产业、数字文娱产业为招商重点突破口,打造园区独有 IP,实现产业引进来更要走出去。并在三产基础上,联动上下游产业招商引入,打造产业生态链,实现产业——园区"内循环",以打造优良的园区营商环境及生态产业链。更新园区标识、导览系统,包括已入驻企业、龙头企业、园区实力展示。引进来与走出去相结合,扩展招商渠道的同时利用台创园平台优势,带动园区及园区内企业品牌效应向外辐射。构建精准化服务体系,实行点对点沟通,点对面服务;在现有服务基础上进一步进行新政策精准传达、解读,定期收集企业困难信息反馈,并有针对性地对企业困难点进行帮带工作,进一步落实园区带头争先作用。平台资源借力,借助园区平台企业资源,实现区域联动、高校联动、产业联动,形成资源互换、资源共享模式,在促进招商的基础上实现区域品牌效应。打造媒体效应,多方媒体对接,提炼园区特点产业、挖掘园区独特亮点形成连续性、多篇幅系列报道,持续提升台创园品牌热度和影响力。

2024年3月20日，课题组赴平潭综合实验区台湾创业园调研，与2023年至2024年新引进台青人才代表座谈

（4）台青参与新福建建设案例

课题组走访了福建平潭爱玩客旅游发展有限公司，爱玩客为台胞林智远创立的旅游文化公司，入驻在台创园3号楼6层，公司主要经营台湾民宿、文化旅游活动的策划组织，打造了北港文创村知名民宿品牌"石头会唱歌"。

1989年出生的林智远是台湾嘉义人。2015年响应国家平潭国际旅游岛建设的规划定位，带领由两岸青年组成的创业团队在平潭北港村对8栋石头厝进行民宿改造。一次与村民交谈，得知附近的君山有

台湾青年林智远

"石锣石鼓"，敲打起来会发出锣鼓的声音。林智远受到启发，能不能找到不同音色的石头组成音阶，做一组天然的乐器呢。他和团队成员一趟趟上山拣石头，反复试音，终于找出Do、Re、

Mi、Fa、So、La、Xi 等音色石，组成"打击乐器"摆放进了民宿里。林智远以在地特色文化"石头"为灵感，将平潭的"石头"创造出有 IP 价值的乡村旅游，创办集民宿、文创、料理"石头会唱歌艺术聚落"，带动当地旅游。

同时，林智远开始把创业经验、创造乡村美好生活体验的信念推及福建全省。他们除了在平潭北港打造"古风草堂"民宿、"云上海景"酒店，还在福州福清一都镇改造东关寨旧寨，在平潭苏平片区做青峰村蚵堡亲子民宿，在莆田做湄洲岛两岸艺术民宿等闽台乡建乡创合作项目。

林智远介绍："我们以创造乡村美好生活体验为宗旨，致力于乡村的旅游开发，给乡村增添不一样的色彩和活力。"团队由两岸青年组成，目前有 16 名成员，这两年也逐步让公司走上正轨，从初创公司慢慢转型。2019 年 8 月成功于厦门两岸股权交易中心挂牌，是福建省贸促会理事单位，公司还成立了平潭台青创的第一个公司工会组织。

目前石头会唱歌在平潭、莆田湄洲岛、福州福清等村落做民宿运营，目前全省有 4 家民宿，今年计划扩大到 10 家。

福建创业过程中，林智远还不断寻找自己的祖籍地，经过多番了解核实，去年，他才得知自己的祖籍地是在漳州平和安厚龙峰头，为了家乡的发展，将祖庙边的老宅改造成民宿，让回乡认祖归宗的宗亲有地方落脚，目前在做设计方案。"对在大陆发展充满很大的信心，今年大家要绷紧神经加油干。"除了拓展新的民宿项目，林智远也思考着如何进一步进行创新消费场景，延伸产业链。在他看来民宿不仅是网红打卡地，还要有商业空间的打造，让更多的文旅产品投入到市场中。

林智远的成长也得到了团省委的大力支持，他经常会参加团省委组织的活动。"团委提供了很多交流平台，整合了不少资源，遇到问题会有导师帮忙，安排学习课程。不同行业的台青坐在一起交流今年'开门红'的情况，在跨领域产品创新研发上寻找合作机会，比如和从事咖啡行业的台青做咖啡豆的联名款。"林智远计划将更多的闽台交流活动带入有"闽台故事"的村落，邀请台湾青年参与，凝聚并加强他们对于闽台文化的认同。

2.漳州两岸青年创业基地——翊瀚众创

作为台胞的重要祖籍地，漳州正着力打造闽台融合先行区，建设台湾青年创业"圆梦地"。漳州台商投资区经过多年发展，已成为台企聚集地、台胞创业热土，吸引不少台湾新生代力量来此施展才华、实践梦想。

（1）基地简介

漳州翊瀚众创基地创立于2017年，依托福建漳州台商投资区的产业特色，地域人文背景和两岸青年大众创业万众创新政策而成立，定位于台湾青年返陆创业就业首发站，截至2022年6月30日完成台湾青年企业工商注册40家，本地青年企业工商注册11家，累计51家新创企业完成入驻手续，目前为省级台湾青年创业基地。

翊瀚众创以联合创业空间为载体，承载着来自两岸青年的生活方式，用"热情创业+热爱生活"的精神让创业者们无界感受到与朝九晚五上班不同的心情和能量，同时致力于建立创业社区，以创业基地为支点，调动、整合各方资源，为创业企业提供从基础硬体条件、优惠政策支持、法务帮扶、创业培训到天使投资对接等为创业者提供创业工作及生活社交全方位的服务，打造集办公、会议、培训活动的低成本、全要素、开放性的创业平台。该基地运营方负责人卢介凡，也是一位"登陆"创业的台湾青年。

基地每年度主办 6 场以上导师培训活动，通过组织教育培训活动，强化青年创业基本能力。组织团队参加各省市会展、商品展售会、投洽会等。使参与企业的产品、技术、生产、营销等多方面得到开放的比较优势，减少国内资源的机会成本，增强参与企业的综合竞争能力。

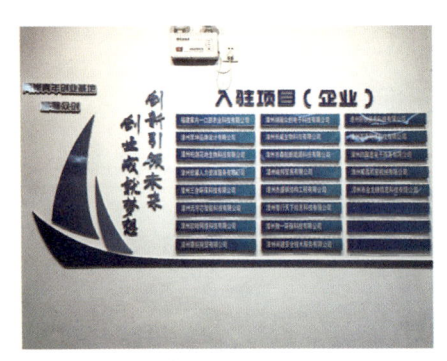

漳州翊瀚众创展示空间

（2）取得业绩

推荐优质原创项目积极参与国家、省、市所举办的创业大赛，争取项目曝光与风投资金方关注，截至 2023 年 12 月止累计获得京台国赛优胜奖 2 座，（2017 年 9 月 1 座，2020 年 9 月 1 座）、省级创业大赛一等奖 5 座（2017 年创青春 4 座，2018 年创青春 1 座）、省级创业大赛优秀奖 4 座（2018 年 3 座，2019 年 1 座）、互联网＋全国赛银奖 1 座（2019 年 7 月）、创响福建，创客中国银奖 1 座（2019 年 8 月）、福建省工业设计大赛银奖 1 座（2019

年 11 月)、福建 101 创业之星 1 座(2018)、福建 101 创业之星 1 座(2019)、福建 101 创业之星 2 座(2021 年)、福建 101 创业之星 2 座(2022 年)、创青春省级大赛三等奖 2 座(2021)、创青春省级大赛二等奖 2 座(2022)、武汉金银湖杯创业大赛银奖 2 座、2019 年至 2023 年辅导 5 家创新企业获国家级高新技术企业资质。

辅导新创台湾团队申请海峡股权交易中心挂牌，成功申请 28 家台湾新创企业挂牌展示板，辅导 18 家新创台湾团队于厦门两岸股权交易中心挂牌。截至 2019 年 9 月，签约漳州新程财务有限公司、福建仁胜法律事务所、上海朵硕资产管理有限公司、福建言诚知识产权管理股份有限公司等第三方合作平台。

2022 年引进龙海农商银行对接台青办理创业信用贷款。在财务税务法务等多方面为新创微型企业的初创工作提供协助。翊瀚众创基地充分发挥在绿色环保、生物科技、农业技术、物联网、大健康产业、医疗等方面的技术与资源，帮助区域内传统企业实现转型升级，助力小微企业快速发展，为两岸青年创业者赋能孵化。

漳州台商投资区经过多年发展，已成为台企聚集地、台胞创业热土，吸引不少台湾新生代力量来此施展才华、实践梦想。

漳州台商投资区

（3）发展前景

漳州台商投资区海峡两岸青年创业基地里，多个两岸青年创业项目正在孵化中，其中有的仅展示技术模型和简介，有的已经摆满商品，展开商务贸易。该基地自2017年成立以来，已服务53个两岸创业项目，入驻台湾团队33个，其中8个项目孵化成功，3个项目落地设厂。

2017年，卢介凡来到漳州创办翊瀚众创基地，成为漳州台商投资区海峡两岸青年创业基地的运营方。卢介凡说："刚到大陆创业的台湾青年往往比较迷茫，我们帮助他们少走弯路、少摔跤。"卢介凡曾在深圳、广州打拼多年，积累不少两岸人力资源，对"登陆"创业深有体会。目前，漳州台商投资区海峡两岸

台湾青年卢介凡介绍漳州台商投资区海峡两岸青年创业基地运营情况

青年创业基地专门服务台湾青年西进创业和项目孵化，不仅为入驻的台湾青年新创企业提供免费办公场所、住宿补贴等，也协助对接政策、资金与资源，2018年获评福建省台湾青年就业创业基地。

作为入驻漳州台商投资区海峡两岸青年创业基地的首个台湾项目，翊瀚众创基地已被台湾青年创客们称为"台湾青年之家"。卢介凡说，这些年，基地孵化的台湾项目涵盖环保科技、农业科技、应用程序、电子商务等领域，当下澳洲蓝龙虾育苗养殖、环保水动力、医疗美容等项目进展迅速。

### （四）闽台青年交流可以为建设两岸融合发展示范区注入活力

在相关部门的主导和积极推动下，闽台青年交流活动始终保持着持续向前发展的良好势头。通过诸如"两岸青年发展论坛""海峡青年论坛"等平台，闽台青年通过线上线下等多元化方式参与到交流与沟通活动中，促进了彼此之间的相互理解和认知，也为闽台青年提供了一个共同探讨发展机遇、深化友谊的宝贵机会。当前，越来越多的台湾青年选择来福建求学、创业，参与到大陆的经济社会发展中。他们在福建追逐梦想、实现人生价值与理想，不仅丰富了他们的个人经历，也为两岸的交流与合作注入了新的活力。特别是在重大会议期间，许多台湾青年积极担任志愿者，为两岸同胞及全国各地的参会者提供服务，展现了两岸青年紧密团结、共同进步的精神风貌。同时，随着网络新媒体等线上平台的发展，闽台青年的线上交流也日益活跃。他们在这些平台上共同交流、分享见解与体会，通过思想的碰撞与交流，不仅加深了相互之间的理解，也为两岸关系的和平发展、融合发展贡献了青春的智慧和澎湃的动力。这一系列活动和交流，无疑为加强两岸青年之间的联系、促进两岸融合发展示范区建设起到了积极的推动作用。

台青郭屹凡在福州自创"拎咖啡"品牌：
一杯咖啡 link 闽台

台湾青年设计师蔡震岳（左）的
石铭村中草药园

## （五）闽台青年交流可以为国家统一与民族复兴奠定坚实基础

两岸青年是国家富强和民族复兴的重要推动者和参与者，是两岸命运共同体中最具青春创造活力的重要组成部分，是两岸融合发展进程中的主力军，在两岸经济合作、文教交流等领域发挥着重要作用。通过频繁的交流活动，两岸青年在不断增进彼此了解的同时也能够深化对祖国统一与民族复兴的认知，有利于增强台湾青年主动融入到民族复兴历史洪流中的意愿。

闽台青年之间交流可以更好地赓续中华文化血脉，弘扬中华民族优秀传统美德。闽台文化交流对台湾文化的充实与发展具有不可替代的作用，透过珍视并利用两岸文化的多样性，可以促进中华文化的多元化、包容性与创新性。此外，文化交流还有助于加强台湾文化的中华文化根基，减少文化领域的分歧。海峡两岸共同构成了一个密不可分的命运共同体，是两岸人民的共同家园，也是展现宏伟蓝图的舞台。展望未来，两岸青年拥有无限的发展潜力和机遇，他们将自己的未来紧密地融入中华民族共同体的大业中，积极参与到中华民族伟大复兴的事业中，必将展现出巨大的潜力和成就。

## 第三节　闽台青年交流机制建设现状

近年来，闽台青年之间的交流活动在参与人数上已形成一定规模，内容与形式也日益丰富多样。然而，观察目前的闽台青年交流机制，显然还需要在多个方面进一步推动。现有的闽台青年交流机制包括由官方部门发起的、民间组织运作的以及以市场化操作为主的多种形式，逐步发展出以交流访问、会议讨论、互动交友、经济和金融合作等为核心，同时具有各自特色的交流方式。这些机制为闽台青年提供了更多的选择和更优的平台，在促进双方青年相互理解、增强信任、推动共同合作等方面起到了积极的作用。当前，由于受到多种因素的影响，原有的沟通交流机制遭受了不同程度的影响，甚至出现停滞，迫切需要对闽台青年交流机制的建设寻找突破口。

## 一、闽台青年交流机制建设的主要成就

项目化、机制化、常态化的运作机制，对于扩大闽台青年交流，增进闽台青年友谊，增强台湾青年对中华传统文化的认知认同，无疑具有重要而深远的意义。在当前的社会背景下，闽台青年作为未来社会的建设者和接班人，他们之间的交流与合作尤为关键。通过项目化的推进，可以针对性地设计交流项目，如文化研学、创业实习、学术交流等，这些项目旨在为闽台青年提供直接、深入的交流平台，让他们在实践中增进理解与友谊。机制化的建设则是为了确保这些交流项目能够持续有效地运作，通过建立健全的组织架构、运作流程和评估机制，保障交流活动的质量与效果。而常态化的运作机制则意味着这种交流不再是偶尔的、零星的，而是成为一种常态，一种生活的一部分，让闽台青年能够在日常生活中持续感受到两岸文化的交融与碰撞，从而深化对中华传统文化的认知与认同。随着闽台交流交往的不断增进，闽台青年交流合作已逐步实现常态化，已形成了诸多良性工作机制。

## （一）促进闽台青年交流交往方面

随着一系列活动如海峡青年论坛、海峡青年节、两岸大学生起点营、海峡两岸青年联欢节、海峡两岸高校文化与创意论坛、两岸青年社团负责人圆桌会议、闽台大学生生态文明体验营等的陆续举行，闽台青年之间的交流活动变得越来越活跃。以海峡青年论坛为例，该论坛吸引了来自两岸的青年社团负责人、青年企业家、大学生、创业青年、高层次人才等参与，他们分享思想、交流友情，海峡青年论坛已经发展成为一个涉及青年发展、民生、事务等多个议题的综合性平台。其广泛的参与者覆盖、丰富的活动内容和较长的交流周期，成为闽台各界青年代表每年定期深入交流的重要平台。海峡两岸青年联欢节专注于青年学生群体，通过举办"两岸大学校园歌手邀请赛""中医药传统文化研习营"等特色项目，为闽台青年学生提供了一个交流思想、技艺和展示才能的舞台。"两岸青年社团负责人圆桌会议"逐步成为一个组织化、制度化的平台，定期聚集两岸青年社团领袖，围绕促进两岸青年交流合作的主题进行深入讨论。

自2017年起，为吸引更多港澳台青少年到福建进行研学旅行，福建省旅游局推出了奖励措施，鼓励符合条件的港澳台旅行社和研学机构，以及接待研学交流的院校或基地参与。对于台湾团组，还提供了额外的奖励，鼓励其参与金门、马祖等地的研学旅行，并与福建的教育机构进行交流。福建省青年联合会还与台湾青年创业协会总会、台湾青工总会等青年组织建立了合作关系，推动在福建设立办事处，并通过微信、QQ 客服、12355 热线等方式加强与台湾青年的联系。福建省台办设立了数量领先全国的海峡两岸交流基地和青年创业基地，有效促进了闽台青年之间的交流。

"在闽台生文化拓展研学之旅——坊巷课堂活动"在福州举行

## （二）促进台湾青年来闽就业创业方面

近年来，福建省通过实施一系列优惠政策，成功吸引了大批台湾青年前来就学、就业和创业，逐渐形成了一定规模的台湾青年集聚区，示范效应显著。福建省相关部门联合发布通知和意见，旨在为台湾学生在闽就业和台湾青年在闽创业提供具体的支持措施，包括就业待遇、权益保障、创业政策、程序、待遇和保障等方面的规定。如 2015 年，福建省人民政府进一步出台《关于鼓励和支持台湾青年来闽创业就业的意见》，提出了多方面的支持措施，包括创业基地建设、创业辅导、融资支持、项目扶持、经营场地和住房保障等，特别针对 18—40 岁的台湾青年，提供了有力的保障措施。支持建立台湾青年创业基地并提供财政奖励、组建闽台青年创业联盟或辅导队伍、提供创业担保贷款等。随后，福建省多个城市也相继出台了配套政策，进一步鼓励和支持台湾青年在福建创业就业。到2017年6月，福建省人民政府办公厅发布了《关于进一步鼓励和支持台湾青年来闽就业创业若干措施的通知》，从多个方面明确了具体的实施措施，包括加强政策宣传、建设平台载体、增加政策支持力度、完善配套服务等。2023年8月，福州市人民政府进一步明确了支持台湾青年在福州创业就业的多领域、多层次服务保障性优惠政策，包括创业形式的支持、创业基地建设、创业辅导服务、融资和资金支持、项目扶持、优秀人才鼓励、经营场地和住房保障等。

福建省及其各级政府持续推出的一系列政策性文件，为台湾青年在闽就业创业提供了良好的支持机制。2024年3月，福州市台江区宁化街道与福州市台湾青年创业就业服务中心联合建立了"青年创业就业实训基地"，进一步为台湾青年提供包括政策解读、资源共享、职业发展支持、助创对接、文化交流等全方位的帮助和支持。这些措施旨在吸引更多台湾商家和企业，促进台湾青年在福建的创业发展，为他们创造一个更加优越的就业和创业环境。《中共中央、国务院关于支持福建探索海峡两岸融合发展新路建设两岸融合发展示范区的意见》出台以来，福建省不断完善坚持探索海峡两岸融合发展新路、建设两岸融合发展示范区的方针政策，推进两岸关系和平发展，不断推动两岸融合发展取得新成效。围绕贯彻落实《意见》，中央和国家机关有关部委出台一系列配套文件和具体举措，福建省相继制定有关实施意见，有效推动两岸融合发展示范区建设。

1. 宗仁科技（平潭）股份有限公司参与建设

（1）企业简介

宗仁科技（平潭）股份有限公司是由福建省引进高层次创业创新人才"百人计划"获得者陈孟邦博士于 2015 年在平潭创办的台资企业。宗仁科技（平潭）股份有限公司是一家致力于提供客户消费类电子芯片设计及量产等一站式定制服务的创新型半导体技术服务公司。2020 年 9 月，宗仁科技完成股份制改制，并于当年 12 月正式挂牌海峡股权交易中心。公司成立以来，员工人数从最初的 6 人，发展到现有员工近 80 人，近三年平均年营业额约为 1 亿元。公司曾先后荣获多项企业荣誉，包括福建省科技小巨人领军企业、福建省高新技术企业、国家高新技术企业、福建省新型研发机构、福建省"专精特新"中小企业、国家知识产权优势企业、福建省重点上市后备企业、福建省"瞪羚"企业等，进一步巩固了公司在行业内的竞争优势。

宗仁科技所获荣誉

（2）工作亮点

宗仁科技作为平潭首家引进落地的集成电路台资企业，经过多年培育与发展，从无到有，从有到优。在创始人陈孟邦的带领下，宗仁科技始终坚持以科技创新为发展驱动力，逐步从平潭集成电路产业的"先行者"成长为龙头企业。同时，宗仁科技还积极协助引进多家台资集成电路企业落户平潭，助力平潭完善集成电路产业链。

（3）具体事例

第一，重视研发投入。宗仁科技作为一家科技型企业，高度重视人才引进及研发投入，始终坚持以科技创新作为发展驱动力，组建了一支20余人的研发队伍，长期从事集成电路研发与创新。同时，宗仁科技还十分注重知识产权的保护，截至目前已累计获授199项知识产权，其中37项发明专利，54项实用新型专利，108项集成电路布图保护登记证书，在主要产品线相关电路设计及工艺已形成一系列专利保护门槛。2023年，宗仁科技与福州大学进一步加深产学研合作关系，共同攻关低功耗高精度ADC芯片项目，入选省级技术创新重点攻关及产业化项目。同时，持续推进企业生产方面的数字化转型，通过与福建职业技术学院产学研合作，2023年开始上线使用共同开发的测试厂生产信息化智能管理系统，持续提升测试厂生产智能化管理水平，有效提升生产效率及成本管控能力，有力提升产业链服务成效，通过"技术＋需求"双轮驱动管理模式，积极走科技赋能产业的创新发展之路，不断提升核心竞争力，推动企业实现高质量发展。

第二，助力产业国产化。宗仁科技积极配合推进集成电路产业链国产化战略。2019年，由平潭综合实验区经济发展局牵头，宗仁科技及实验区内的集成电路设计服务企业配合，会同国产 EDA 龙头企业华大九天开展合作，由华大九天提供 EDA 软件系统工具平台及全流程模拟设计软件工具，在宗仁科技进行 EDA 软件系统工具平台及相关应用软件国产化替代试点，并由华大九天在平潭的代理公司提供技术服务，并提供人才技术培训，解决替代过程中的使用、试错与修订验证。经过半年多的转换磨合、试验，宗仁科技终于成功完成无缝转换。目前，宗仁科技的芯片均由华大九天 EDA 平台设计完成，是中小企业 EDA 平台转换的优秀参考案例。借此，平潭已初步建立了针对 8 英寸模拟集成电路设计，以国产华大九天 EDA 系统工具平台为基础的，全套完整且可成功参考复制的应用软件的转换验证案例与实践经验，助力推动全产业链国产化战略进一步落实。

**宗仁科技创始人在介绍企业产品**

第三，助力区域产业链建设。宗仁科技在平潭创办了两岸集成电路测试服务中心，项目已完成投资约 3000 万元，建成约 35 套测试平台，对外提供包括模拟集成电路、数字集成电路、混合集成电路等芯片产品的晶圆测试及激光修调服务，服务海峡两岸集成电路设计企业。同时，还投资新建晶圆研磨、切割、挑粒生产线，进一步延伸了产业链的服务能力，为两岸上下游企业提供更优质的产业链服务。

第四，积极践行企业工会建设。宗仁科技持续以"家"的和谐与蓬勃构筑起全体员工齐心协力的基石，为公司的安全生产、经营管理、党建思政等工作注入强劲动力。作为"模范职工之家"，宗仁科技工会始终秉承以工会促繁荣、以文化促进步的优良传统，确保工会工作与生产经营战略呈现良性互动。充分发挥工会组织联系职工、教育职工、关爱职工的职能作用。同时，继续加大对工会工作的关心支持力度，采取多种行之有效的措施，努力提升员工综合素质，逐步健全员工保障制度，切实维护员工合法权益，持续提高员工社会地位，培养造就一支"有理想、守信念，懂技术、会创新，敢担当、讲奉献"的职工队伍，带领全体职工同频共振、同抓共促，踏上新征程，谋求新跨越。

第五，积极参与企业特色党建。作为一家台资企业，宗仁科技始终高度重视企业的党建工作，将党的领导始终贯穿于企业发展全过程，将凝聚思想共识作为抓党建的"第一要务"，推动党建与企业发展深度融合。宗仁科技于2017年成立党组织，对各项党建工作进行谋划设计、推动落实。坚持用强有力的党的建设带动激发全体员工活力，探索发挥人文价值创造能力，提升企业凝聚力；注重党建文化的带动作用，引领推动思想文化融入制度、规范行为、变革管理，切实把思想文化软实力转化为企业发展硬实力；完善"党建带群建"工作机制，发挥好桥梁纽带作用，培育"结果导向、科技创新、团结协作"的企业核心价值观，最大限度为公司发展凝聚力量。

2. 拎咖啡（LINKOFFEE）

台湾青年简介：郭屹凡，男，90后，台湾台中人。毕业于台湾中兴大学农企系。2016年成功考取了SCAE烘焙师中级认证（SCAE Roasting Intermediate）后，于2016年底来闽创办"拎咖啡"咖啡馆。拎咖啡，拎，闽南话"喝"，以咖啡LINK链接海峡两岸，以咖啡LINK链接你我，以LINK链接无限可能。拎咖啡，以第三波咖啡概念，孕育而生的自家烘焙咖啡馆，专注经营精品咖啡自家烘焙市场，以温度、分享、关怀、将精品咖啡融入生活，期望创造美好的咖啡体验。

福州市马尾区海峡高新双创园拎咖啡外景

拎咖啡在闽创办以来，举办了多场创业分享会、咖啡赛事、吧台实作、SCAE国际证照相关课程，除了供应业者精品咖啡熟豆外，结合多方资源供应技术、开业辅导，咖啡烘豆教学，咖啡文化旅游定制，共享咖啡等，期望更多人可以了解到精品咖啡之余生活的美好。拎咖啡拥有独立个性化烘焙工作室，坚持自主烘焙，创造自身特色和独特风味的咖啡产品。2016年开始在福建福州发展，精品咖啡采用产地直购，日式直火烘焙，依照不同的产地烘培出最佳表现力的豆子，风味鲜明且多样，让客人各取所好。

**拎咖啡进口烘豆机**

拎咖啡品牌创立于2014年台湾台中，是一精品咖啡品牌，目前于福建福州拥有崖将门店及工作室。坚持自主烘焙，以塑造拥有自身特色和独特风味的咖啡产品。团队咖啡品控由国际咖啡认证的品质品鉴师(Q-GRADER)主理品控，团队成员均拥有SCA国际咖啡认证，自有国家认证食品级SC咖啡烘焙工厂，拎咖啡是咖啡贸易、咖啡研发设计、OEM/ODM代工贴牌、烘焙豆生产、挂耳生产咖啡消费品销售、咖啡文化传播为一体的咖啡全过程供应链服务商。"选择咖啡创业，就是想借助咖啡馆这个载体，为大家搭建一个文化交流的平台。咖啡馆不光是朋友小憩的场所，还是一个文化分享的平台，更是为每日奔波于事业、家庭的朋友，定期补充精神能量的加油站。"郭屹凡讲述道。

拎咖啡创始人郭屹凡讲述咖啡烘焙过程　　拎咖啡创始人郭屹凡讲述在闽创业历程

作为省会城市的福州，地处两岸交流合作的前沿，是台湾同胞的重要祖籍地，市场空间广阔，更是成为台湾青年"登陆"创业就业的热土。近年来，福州不断完善台湾青年来榕创业就业工作机制，在政策保障、工作机制、平台建设等方面积极探索吸引台湾青年来榕创业就业的举措，建立了福州市台湾青年创业就业工作联席会议制度，不定期研究解决台湾青年在榕创业就业中遇到的政策执行上的困难和问题。设立了福州市台湾青年创业就业服务中心作为服务台湾青年的专门窗口，同时在人社、司法等部门及自贸区福州片区分别设立涉台专门窗口，提升服务台湾青年的针对性和时效性。

## （三）吸引台湾青年人才方面

自 2003 年起，福建省持续主办了包括"6·18"海峡两岸人才交流合作大会、台湾地区高校毕业生的就业创业推介会以及两岸人才与资本的对接活动。自2008年起，福建成为全国首个为台湾居民提供职业技能鉴定、专业技术职务评审试点的地区，也是首个允许台湾居民参加大陆专利代理人资格考试、国家司法考试和开放建筑市场给台湾建设业人才的地区。2012年，中国海峡人才市场在台北建立了联络站，并推动了多个台湾人力资源机构在福建的福州、厦门、泉州和平潭等地设立分支，加强了两岸人力机构的市场化联系。从2013年开始，厦门市推行了全国首个台湾特聘专家引进计划，吸引了来自光电、电子、金融、文创、医疗养生等领域的台湾专家和专才来厦门工作和创业，并提供生活补贴，致力于将厦门建设为台湾人才的聚集地，促进体制机制创新和闽台社会融合。2015年，福建省人才工作领导小组制订了《福建省深化闽台人才交流合作行动计划（2015—2018年）》，提出了引进台湾高层次人才的"百人计划"，支持两岸互设人力资源中介机构，建立闽台人才交流合作平台，鼓励台湾青年人才的创业创新，并成立了海峡两岸人才交流合作协会来负责日常工作。同年，还出台了《加强自贸区人才工作十四条措施》，直接认可台湾的执业资格证书，鼓励引进台湾的高层次人才。2016年，福建省委提出了"双百计划"，旨在每年引进100名台湾高层次人才，并在四年内从中独立挑选100名给予相关政策支持。成立了海峡两岸人才交流合作协会，吸纳了283个两岸社团机构和高层次人才为会员，其中包括130个台湾会员。福建银监局实施了"银鹰计划"，邀请42名台湾大学生到福州的银行业金融系统实习。2017年，福建省委人才办出台了《福建省引进台湾高层次人才'百人计划'遴选办法（试行）》等五项配套文件，根据台湾人才的层次和创业就业情况给予不同支持。对于确认为福建引进的高层次人才，一次性给予用人单位 100 万元的安家补助，入选"百人计划"的人才还可以获得额外的 200 万元补助。2021 年，福建省人民政府台港澳事务办公室发布了首批 225 条同等待遇清单，覆盖经济、社会、文教、便利化等领域，这是福建落实中央对台政策，推动先行先试的重要措施，有助于台胞台企系统性地了解和掌握福建提供的各项政策措施。这些政策的实施，旨在吸引台湾青年人才来福建工作和生活，并促进两岸青年人才的交流与合作。①

海峡人才交流会　　　　　　　厦门评台湾特聘专家专才

## （四）强化闽台教育保障方面

自 2007 年起，福建省教育部门、台湾事务办公室、财政部门及共青团福建省委共同发布《关于进一步加强台商子女在闽就读服务工作的若干意见》，这一政策文件旨在通过开展台生班试点、为在福建就读的台商子女提供中考政策优待、免除借读费和

---

① 中共福建省委台湾工作办公室网站.万名台生大陆就读 研究机构协同力推两岸青年交流[EB/OL].http://www.fjtb.gov.cn/tqzm/qx/201708/t20170814_11830254.htm，2017-4-10.

相关入学费用、完善台商子女就读相关政策措施、提升台商子女就读服务质量、改善学习环境及促进福建与台湾学生之间的融合与交流，为随父母来福建就读的台商子女提供优质教育服务，解决台商家庭的后顾之忧。2010年，为深化高等教育创新创业教育改革，推动大众创业、万众创新，根据国家和省级文件要求，福建省教育厅加速推进福建与台湾高校之间建立创新协同育人新机制，促成福建农林大学与台湾中兴大学等知名高校及企业共同建立"海峡创业育成中心"，该中心于2014年初升级为国家级科技服务平台，有效增强了大学生的创新创业实践能力。2015年，福建省教育厅、人力资源和社会保障厅、财政厅、台湾事务办公室联合发布《福建省高校台湾全职教师引进资助计划实施办法》，计划在三年内引进800名台湾优秀教师到福建高校任职，并提供10—12万元的财政资助，同时在子女入学、聘用入编、高层次人才项目申报等方面给予政策支持，确保优秀台湾教师能够被顺利引进、有效使用并留住。该计划实施至今，已成功引进台湾全职教师338人次，显著提升了高校师资力量。同年，福建省发布了大陆首个关于与台湾地区开展职业教育合作的地方性法规——《福建省促进闽台职业教育合作条例》，该法规明确了关于引进台湾高校师资、促进福建与台湾大学生创新创业等方面的具体规定，并要求县级以上地方政府及相关部门提供政策支持和资金安排，用于闽台职业教育合作的实训基地建设、技术研发、师资培训和人才引进等方面。福建省是大陆最早招收台湾学生的省份之一，自1985年华侨大学开始对台招生以来，已成为全国八个对台单独招生政策（免试）试点省份之一。

目前，福建省内包括厦门大学、福州大学等在内的多所高校对台湾地区开放招生。福建省高校中的台生涵盖了中医学、计算机科学、机械工程、土木建筑、经济管理及文学艺术等各专业，他们的就业选择主要是返回台湾或加入家族企业，这无疑成为台湾学生提升自身核心竞争力的重要途径。近十年来，福建省持续推进与台湾的教育合作，不断拓展对台招生渠道，扩大招生规模，目前全省有资格招收台生的高校几乎涵盖了所有公办本科院校和优质高职院校，累计有超过 8000 名台生选择来福建就读。此外，福建省不断完善闽台高校合作办学机制，促进双方高等教育的融合发展，制定并发布《促进闽台职业教育合作条例》，旨在构建两岸职业教育融合发展示范区，推动福建与台湾高校从单一合作模式向多元合作模式转变。目前，福建高校已与百余所台湾高校签订合作协议，共同开展闽台高校联合培养人才项目，培养了大批技术技能型人才。同时，福建省还建立了多个两岸教师发展研究中心和职业教育教师培训基地，培养两岸教师，搭建了闽台协同创新研究平台，集聚两岸优势学术资源进行合作研究，并设立海峡联合基金，支持高校开展闽台科研合作项目，获得了省部级科技进步奖和发明专利。

闽台高校融合成果亮相第 61 届中国高等教育博览会

海峡两岸高等教育融合发展学术活动举行

综合来看，在促进闽台青年之间的互动与交流方面，尽管已经建立了一些有效的机制，涵盖了交流合作、就业创业、人才培养以及教育支持等多个领域，但是在资金支持、资源分配、机构建设、人员调配以及两岸合作的关键环节上，依然存在不足，缺乏强有力的措施和成熟的管理体系。这主要是因为闽台青年交流活动缺少系统性的规划和策略支持，缺乏持续性的发展规划和及时有效的指导，这些因素限制了交流活动的深度、广度、持久性和影响力。特别是两岸青年交流的互补性和互动性不够显著，如何进一步优化和完善闽台青年交流的相关机制，成为未来需要持续关注和努力解决的问题。

## 二、闽台青年交流机制的未来发展构想

### （一）培育面对面的交流交往机制

推动两岸青年交流交往，构建面对面的交流交往机制，不仅是增进相互了解与友谊的重要途径，更是落实《意见》，深化两岸融合发展的关键一环。其中，首要任务是为两岸青年搭建一个便捷、高效的往来机制。这意味着需要从基础设施建设入手，确保闽台之间的交通联络如同织网一般无缝连接，构建起立体化、综合性的对台通道枢纽。此外，还需畅通闽台与大陆其他地区的连接通道，为两岸同胞提供更为便捷的往来路径，特别是为台湾同胞在闽停留、交流提供更加宽松的政策环境，鼓励更多台湾同胞赴大陆尤其是福建地区进行亲身体验和交流。

为了让两岸青年交流交往活动更加系统化、规范化，在现有

的交流平台和活动基础上，相关部门始终致力于推动两岸交流向着制度化、常态化方向发展。这不仅能够确保交流活动的持续性和规范性，更能有效地整合双方资源、资金及智慧，推动两岸青年交流从单纯的感性认识阶段，跃升至更深层次的理性交流与合作阶段。同时，相关部门通过减少政策性壁垒，使得两岸的交流合作更加顺畅、广泛。同时，福建省支持在闽台各领域、各行业青年团体之间建立常态化的交流渠道。加强两岸青年在就业、创业方面的支持和平台建设，助力台湾青年在福建追求并实现自己的梦想。通过加强闽台两地中小学校际交流、推动青少年特色体育项目合作等措施，增强了两岸青少年的身心发展，更能够从小培养他们对两岸交流的认同感和参与意识。对于台胞子女在闽的教育问题，实行"欢迎就读、一视同仁、就近入学"的政策，为台胞家庭提供了极大的便利。支持福建高校和科研院所通过多种方式扩大招收台湾学生的规模，以及闽台两岸高校在福建开展高水平合作办学与多元化合作，促进了两岸教育交流、深化两岸青年了解与友谊。福建省通过建立一批两岸青少年研学基地，为两岸青少年提供更多实践、交流和学习的平台，促进了两岸关系的融合发展。

福州三坊七巷台湾会馆

福州市鼓楼区"两岸青少年研学基地"挂牌暨两岸少年"福"文化系列研学活动

## （二）建设以青年为主体的交流交往机制

青年作为两岸关系的未来和希望，他们之间的交流交往不仅仅是表面的沟通，更是心灵深处的相互理解与融合。福建省作为两岸交流的重要窗口，不断优化和创新交流模式，通过搭建多元化的平台，积极引导两岸青年和基层群众参与到丰富多彩的交流活动中来，旨在突出青年的主体地位，加强心灵的沟通与感情的交流。这些活动包括但不限于研习班、座谈会、参观考察等，这些互动不仅加深了两岸青年的相互了解，更激发了他们对于持续稳定开展双向交流合作的强烈愿望。为了进一步促进两岸青年的交流与融合，福建省精心设计清新、健康、富有吸引力的交流活动，这些活动更加贴近青年的兴趣和需求，特别是针对台湾青年的特点，通过他们喜欢的文化、旅游、游戏、联谊和表演等多种形式，以及创新的内容和主题，避免简单、刻板的交流模式，采用更加细腻和温柔的方式，争取他们的理解和支持。通过"线上交流、线下合作"的模式，鼓励两岸青年结成合作团队，共同创作和成就，这不仅能够促进两岸青年的相互理解和支持，还能够让他们在合作中共同学习和成长。在设计两岸青年交流机制时，充分重视青年的主体地位，确保交流活动能够真正促进两岸青年之间的情感融合和心灵契合。鉴于青年群体之间存在的年龄、兴趣和思维方式的共通性，他们之间的交流自然而然地具有平等、真诚、亲切的特质。因此，以青年为主体的交流交往机制对于推动两岸的融合与发展具有不可替代的作用。但值得注意的是，在实际操作过程中，应减少形式化的参观游览，增加更多的互动探讨时间，让两岸青年在真正的交流中找到共鸣，共同为两岸关系的和谐发展贡献青春力量。

## （三）建设多层次的交流机制

在构建和运营青年交流机制的过程中，建立一个多层次、全方位的交流平台至关重要。这一机制应涵盖两岸青年的各个层面，旨在充分利用一切积极力量，以促进更深入、更广泛的交流与理解。首先，相关部门充分认识到了台湾各领域优秀青年人才对于岛内外青年群体的榜样作用。这些领军人物不仅在思想观念和行为方式上对青年群体产生广泛而深远的影响，更能通过他们的实际行动和成就，激励更多青年投身于两岸的交流与合作之中。因此，相关部门持续加强与这些领军人物的交流，对促进两岸青年之间的互动产生了积极效应。同时，为确保交流的全面性和普遍性，闽台青年交流的层次也更加深入到中下层群体。除了强化已有的人文科技领域交流外，相关部门也致力于拓展闽台民间文化的交流，特别是加强两岸草根层面的联系和互动。自2009年首届"海峡论坛"以来，台湾地区的普通民众，尤其是南部地区的民众，始积极参与两岸的民间交流活动，这种深入民众层面的交往为两岸关系的和谐发展奠定了坚实的基础。

加强两岸非政府组织（NGO）之间的交流与合作显得尤为重要。过去，闽台的相关机构及民间组织已经在多个领域展开了交流与合作，尤其在抗击自然灾害方面取得了显著成效。如台湾

NGO 在汶川地震后，利用其在"9·21"震灾中积累的宝贵经验，积极参与到灾后重建工作中，不仅为灾区人民提供了实际帮助，同时也为大陆的 NGO 组织提供了培训和支持，展现了两岸同胞心手相连的深厚情谊。

展望未来，相关部门应持续扩大交流的规模和深度，积极探讨和创新符合两岸青年人志趣和需求的交流内容及形式。同时，探索建立青年人才培养的合作机制，旨在为两岸青年提供更多共同发展的机会和舞台，让他们在交流和合作中施展才华，共同为促进两岸关系的融合发展贡献力量。

## （四）建设符合广大青年群体需求的交流交往机制

在构建旨在满足广大青年群体需求的交流交往机制的过程中，必须重视民意的广泛收集与智慧的汇聚，这不仅有助于精准定位讨论议题，还能够在内容与形式上进行创新。两岸青年交流的核心目标，在于促进青年在思想和意识层面上达成更高度的一致性，进而加强和深化不同行业、不同阶层、不同族群青年之间的互信与友谊。为此，相关部门设置交流议题时，始终紧密结合两岸青年的共同兴趣点，选择那些对于促进两岸青年融合互动具有重要价值的主题进行深入广泛的探讨，提升了交流活动的吸引力和感染力。福建省相关部门通过微信、脸书、Line、微博等新媒体平台，有效地征集两岸青年感兴趣议题，有针对性地开展交流活动。对每次交流活动的成效进行了总结反思，无论是通过线下还是线上方式，都收集了两岸青年的参与体验和意见，以此为基础，不断探索和完善闽台青年交流交往活动的新思路。此外，在交流的时间安排和形式选择上，福建省展现出了创新精神。除了传统的短期会议论坛之外，设立了时间较长的合作交流项目，以促进两岸青年之间建立起更为持久的互动关系。为了实现更有效的交流成果，除了认真制定交流项目的实施方案外，增加了能够体现两岸共性的内容和互动环节，并采用台湾青年更易接受的交流形式和语言。通过结合文化、旅游、游戏、联谊、表演等两岸青年喜爱的形式和载体，提高了交流的深度，并使之更加精细化。这些做法最终目标是使两岸青年交流活动逐步向制度化、规范化、长效化方向发展，从而在更大程度上促进两岸青年的相互理解和友好交往。

## （五）建立凝聚共识的文化交流机制

建立和完善凝聚共识的文化交流机制，尤其是深化两岸青年社会人文交流，对于增进理解、加强合作、推动融合发展具有重要意义。文化认同作为民族凝聚力和国家向心力的重要源泉，在维护国家统一和民族团结方面发挥着不可替代的作用。对于两岸青年而言，共同的血脉、文化和愿景构成了抵制"台独"势力、维护两岸融合发展的文化基础和精神支柱。为了进一步促进两岸青年之间的文化交流与互动，福建省通过青年组织的积极牵头与文化、教育等相关部门的全面支持，建立起了开放、互动、共享的两岸青年文化交流平台。通过与台湾各级学校的紧密合作，定期组织语言文学、传统文化、民间习俗、传统技艺等方面的展示与学习活动，加深了两岸青年对彼此文化的了解和认同，而且有助于培养他们对"两岸一家亲"理念的深刻理解和家国情怀。此外，两岸互信的建立是两岸关系健康发展的基石。在文化交流过程中，未来需要强化对党史的普及教育，帮助台湾青年正确理解中国共产党的历史和形象，澄清误解和偏见。[①]

福建省相关部门大力推动闽台青年在社会和人文领域的广泛交流与合作，积极支持两岸各类民间机构开展规律性的互动，同时鼓励符合条件的台湾民间机构在福建设立代表机构。如厦门大学等学术研究机构持续推动与台湾智库的深入交流合作，并成功举办海峡论坛等重要的两岸交流活动。中国闽台缘博物馆等实施闽台历史文化的深入探索项目，如族谱交流、寻根访祖等，利用妈祖信仰等民间信仰作为精神纽带，开展丰富多样的民间信俗交流活动。宗教团体鼓励台湾宗教界人士和其他社会成员来福建进行短期研修，推动闽台在佛教、道教等领域的交流合作，并建立完善的机制，激励更多平台企业参与闽台人文交流。此外，福建省致力于文化领域的融合与共同发展，鼓励两岸居民共同致力于中华文化的传承、保护和创新，创建更多文化产业合作平台。支持台湾文化产业的投资和发展，促进闽台合作项目通过海外中国文化中心进行展示。探索允许台湾业者在福建投资设立广播电视节目制作公司，引导两岸业界合作制作高质量的影视作品，促进两岸文化娱乐资源的整合，共同打造成为两岸流行文化的交流中心。持续推进与台湾有关的文物保护项目，鼓励台湾居民申

---

① 中共福建省委台湾工作办公室网站.守护共同的文化记忆[EB/OL].http://www.fjtb.gov.cn/news/202307/t20230710_12549382.htm，2023-7-6.

请成为福建省非物质文化遗产的代表性传承人,支持闽台妈祖宫庙共同参与人类非物质文化遗产的保护工作,以及实施"南岛语族起源与扩散研究"等项目。同时,支持台湾企业参与文物保护项目,以及台湾专业机构和人员参与福建省的考古研究等工作。①

"同台共舞一家亲·同气连枝闽台情"——闽台青少年交流联谊活动

## (六)打造互联网新媒体线上交流交往机制

当今互联网新媒体已然成为连接人与人、心与心的重要桥梁。特别是对于闽台青年而言,传统的线下联谊方式虽具有不可替代的人文情感价值,但在时间和空间的双重限制下,其交流效

---

① 凤凰网.南岛语族源于中华:揭秘人类史上最神秘迁徙之旅[EB/OL].https://history.ifeng.com/c/87365cgOCr.htm,2021-6-14.

率和广度难以与互联网新媒体相媲美。互联网新媒体以其独特的及时性、便捷性和广泛性，为两岸青年提供了一个无限的交流平台，使信息的传播和观念的交流变得更加迅速和广泛。因此，深度挖掘和充分利用互联网新媒体在闽台青年交流中的潜力，不仅是时代发展的必然趋势，也是推动两岸青年心灵契合、增进相互理解和友谊的重要途径。在这一背景下，福建省积极打造互联网新媒体线上交流交往机制，重视并充分发挥其在闽台青年交流中的作用显得尤为关键。首先，在台湾和大陆常用的媒体平台上主动设置了两岸青年共同感兴趣的议题，开展在线讨论和互动，以此作为拉近两岸青年心灵距离的纽带。通过收集和整合两岸青年的意见和建议，拓宽了社交渠道，促进心灵契合，也为实地交流活动提供了更加丰富和精准的内容支撑，使两岸青年的交流更加深入和有效。其次，相关部门着力打造双向沟通的新媒体平台，整合广播、电视、报纸、网络等不同媒体资源，实现了全媒体平台交流。这不仅是技术层面的创新和突破，也是两岸媒体之间的合作和对接，以及政策层面的支持和引导。通过建立一个市场一体、信息共享、资源共享的网络平台，为两岸青年提供了统一的网络空间，既可以实现线上线下交流的相互转换，也可以为两岸青年参与各类活动提供一个全面、多角度的展示和交流平台。最后，积极推动流量变现和平台引流，打造影响力较大的两岸青年意见领袖，将他们在微博、脸书、小红书、TikTok等平台上发布的两岸信息链接到统一平台后，即时地对两岸青年产生较大的影响力，进一步促进两岸青年之间的理解和友谊。

打造互联网新媒体线上交流交往机制，不仅有效地促进了闽台青年之间的交流和了解，还为两岸关系的和谐发展提供了新的动力。在这一过程中，两岸青年共同努力，不断探索和创新，以适应时代发展的需要，共同助推了两岸青年交流合作，为两岸融合发展示范区建设贡献了青年一代的力量。

闽台棒球"云"赛事

## （七）强化闽台青年交流交往的组织保障机制

福建省相关部门联合整合运用各自的政治势能与政策资源，积极培育两岸青年交流交往的机制及相关平台。通过刚性的行政吸纳、制度赋权等方式，依靠柔性的利益交换、愿景共识等耦合机制，有效地将两岸的社会力量、民众力量、社会资源等多方面的力量聚合起来。这样的合作机制旨在促进青年社团等交流主体之间的互动频率提升，不断培育与增强两岸间的互信与凝聚共识。这种机制有助于更准确地定位、发挥优势、积极行动，团结海内外、岛内外所有可以团结的爱国力量，不断壮大反"独"促统力量，共同推进祖国和平统一进程。为了进一步深化两岸各领域融合发展，相关部门积极推动两岸在科技、农业、人文、青年发展等领域的交流合作，坚定不移地推动构建两岸融合发展示范区。这其中，为两岸青年交流交往的事业提供更多的财力支持尤为关键。根据课题组调研发现，厦门、漳州、泉州、福州、平潭等地已适当增加了对闽台青年融合发展事业的拨款，支持在闽台青开展涉台经济合作、人文交流等活动，为两岸青年融合发展提供了更加健全的资金保障。

在相关部门大力推动下，建立整体规划和动态优化完善机制，推进政策落实、评估调整和总结推广等工作相继开展。福建省始终强化主体责任，建立协同落实机制，发挥各方作用，创新工作方法，确保各项举措落地见效。福建大力开展深化闽台青年融合发展等政策研究，推进两岸青年融合发展。

为了实现两岸青年融合发展具有健全的法制保障，相关部门不断夯实法治保障基础，做好促进两岸青年交流交往机制建设的法治保障工作。重点完善了涉台司法服务体系，打造汇聚涉台法律研究咨询、台湾地区法律查明为一体的开放性资源共享平台，加强了两岸仲裁机构合作，允许台湾民商事仲裁机构在厦门设立业务机构，开展涉港澳台和涉外仲裁业务，为台胞台企参与两岸融合发展提供法治保障，持续优化涉台执法、检察、审判、执行监管等机制，不断完善涉台法律服务。一系列工作都为两岸青年融合发展提供了坚实的法治基础。

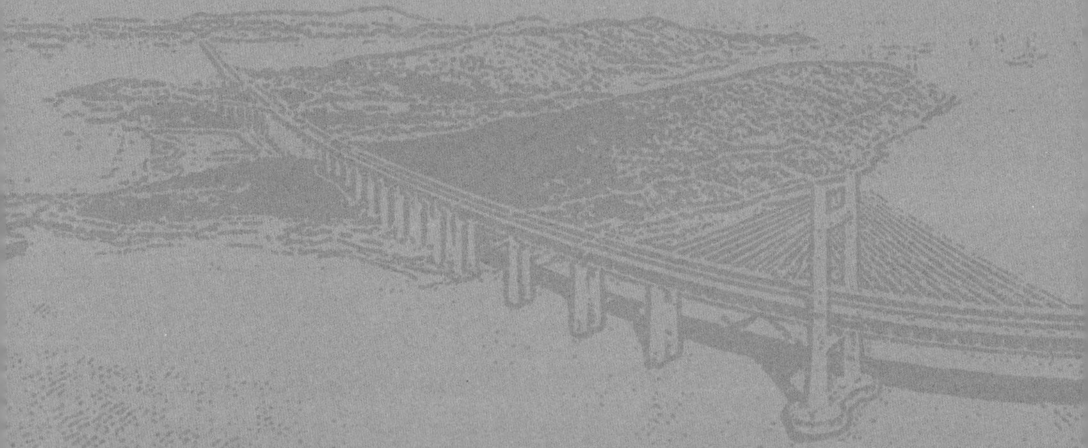

第四章

# 进一步完善闽台青年交流促进情感融合机制

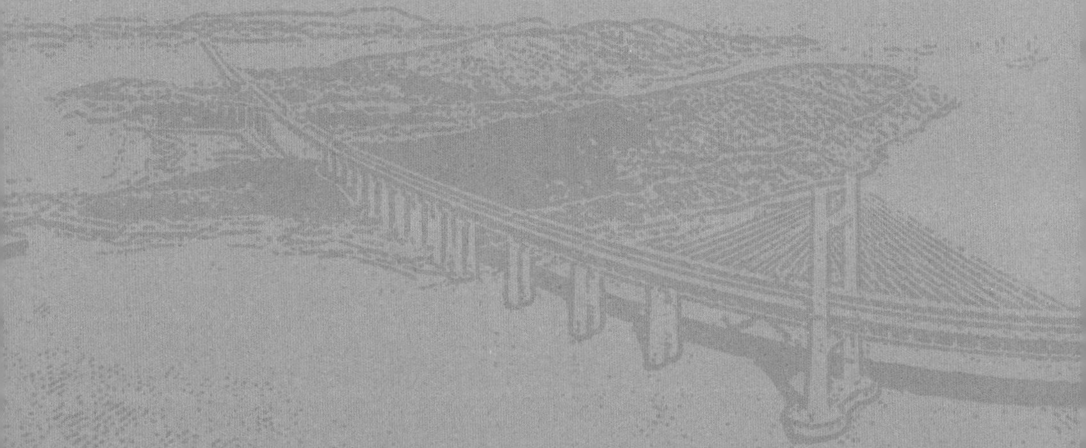

长期以来，海峡两岸民间团体之间保持着稳定的交流，两岸交流中蕴含着的深厚底蕴是两岸关系能够保持和平稳定与持续发展的根基，而青年一代，更是承载着两岸关系未来的希望与憧憬的群体。两岸青年加强交流交往，能够为两岸关系和平发展增添新生力量、注入青春活力。我们乐见并支持两岸青年加强交流互动，增进了解，深化友谊，让更多台湾青年"首来族"成为"常来族"。我们也积极为台湾青年朋友提供更多机遇和平台，让他们在大陆大有可为、大有作为。① 近年来，两岸青年交流活动在规模化、品牌化、定期化的道路上稳步前行，不仅参与人数显著增长，交流规模日益扩大，而且交流的内容和范畴也呈现出广泛而深入的拓展。这一系列积极的变化，不仅巩固了两岸青年之间的情感纽带，增进了两岸青年之间的相互理解和友谊，更为两岸关系的长远发展注入了新的活力与动力。

## 第一节　拓宽两岸青年交流平台

大陆始终积极推动与台湾之间的民间交流合作。当前，两岸青年正积极投身于两岸交流的热潮中，他们的踊跃参与不仅为

---

① 中共中央台湾工作办公室 国务院台湾事务办公室.支持两岸青年交流,让更多台青"首来族"成为"常来族"［EB/OL］.https://www.gov.cn/lianbo/bumen/202306/content_6888883.htm，2023-06-28.

两岸青年交流活动的顺畅进行奠定了稳固的基础，更在推动两岸关系和平发展中发挥了不可或缺的作用。鉴于此，有必要构建并深化两岸青年互动交流的平台，旨在共享两岸优质的学习和发展资源，促进两岸青年在思想文化、科技创新、社会实践等领域的深入交流与合作。应注重扩大两岸青年社团组织规模，同时依托社团组织这一重要载体，构建两岸青年交流合作的长效机制，这不仅有助于吸引和激励更多的两岸基层青少年积极参与到交流活动中来，更能为两岸青年搭建一个广阔的舞台，让他们在互动中增进了解、建立友谊、共谋发展。此外，还应加强两岸青年社团、青年精英、学校与教师学生之间的交流合作，通过举办各类研讨会、论坛、文化交流活动等形式，积极拓展两岸青年交流交往的广度和深度。同时，还需积极探索和创新两岸青年交流交往的新模式、新途径，以提升交流活动的创新力和影响力，推动两岸青年关系向更深层次发展。另外，在信息化、网络化迅猛发展的时代背景下，两岸相关组织部门应当深刻认识到网络社交平台在促进两岸青年交流中的重要作用，并充分加以利用。这些平台具备信息传播速度快、覆盖面广、互动性强等特点，能够有效打破地域限制，为两岸青年提供便捷的沟通渠道。因此，两岸相关组织部门应积极探索并发挥互联网的优势，通过积极推广微信、微博等社交媒体以及其他交友 APP 的使用，打造符合两岸青年需求、易于接受、乐于参与的网络沟通平台，这些平台不仅可以为两岸青年提供实时的信息交流、资源共享和文化展示，还可以促进他们在思想、文化、教育等领域的深入交流与合作。同时，为了确保网络沟通平台的健康、有序发展，两岸相关组织部门还应加强平台的管理和监管，制定完善的规章制度，规范用户行为，防止不良信息的传播，为两岸青年营造一个安全、和谐、积极的网络交流环境。当前应继续加大力度，为两岸青年提供更多的交流机会和平台，让他们在互动中共同成长、共同进步。

## 一、吸引台湾青年前往大陆求学

作为情感思想联络与两岸关系沟通的关键纽带，在当前两岸融合发展这一宏观背景下的两岸青年交流显得尤为关键。随着两岸关系的日益深化，两岸青年之间的互动交流活动不仅在数量上呈现出持续增长的态势，其参与的频率和规模也在不断扩大，这日益显示出两岸青年愿意增进了解、加深友谊的积极态度。构建并深化两岸青年互动交流的平台，加强两岸青年之间的交流与合作，对于推动两岸关系和平发展、增进两岸同胞相互了解和信任具有重要意义。然而，这一进程并非一帆风顺，而是面临着诸多限制和挑战。

### （一）交流活动的时间受限

由于时间有限，两岸青年往往难以进行深入的交流与探讨，这在一定程度上制约了交流效果的充分发挥。与此同时，文化差异可能导致双方在价值观、生活习惯等方面产生摩擦；语言沟通问题亦可能影响双方的有效交流与合作；而就业信息沟通不对称等问题则可能阻碍台湾青年在大陆顺利融入社会与职场，这些问题不仅影响了两岸青年之间的交流质量与深度，也在一定程度上制约了两岸关系的进一步发展与深化。因此，为了更好地促进两岸青年的交流与合作，增进彼此的了解与沟通，共同促进发展，采取一系列措施和政策显得尤为重要。在鼓励台湾青年赴大陆求学方面，首先，为促进台湾同胞赴大陆求学的便利性，应当积极建立和完善相关的体制机制。具体而言，需要优化并简化台湾学生入学的审批流程，减少不必要的环节和繁琐的手续，提高审批效率。同时，还需推动两岸高等教育学历认证手续的简化，确保台湾学生在大陆求学的学历能够得到充分认可，消除他们在学历认证方面的顾虑。此外，为了降低台湾青年学生来大陆学习的门槛，应积极探索和实施更加灵活和开放的入学机制，通过简化流程、优化政策，使台湾同胞来大陆求学和就业更加便利，增强他们的归属感和融入感。设立专门的教育教学基金，进一步支持两岸教育交流，这一基金将用于资助两岸高等院校开展师生交流互动，推动双方在学术、文化等方面进行深入合作，通过提供资金支持，可以减轻台湾青年的经济负担，使他们能够更轻松地来大陆求学。通过建立完善的政策机制，不仅能为两岸青年提供更多的发展机会和选择空间，还能够促进两岸教育资源的共享与互补，推动两岸青年学生之间的深入交流与合作。这种深入的交流与合作，不仅限于学术领域，还应该扩展到文化、艺术、体育等多个领域，从而增进两岸青年之间的相互理解和友谊。

## （二）宣传和推广有待进一步加强

通过多种渠道和平台，向台湾青年介绍大陆的优质教育资源、求学就业的各种机会和发展前景，有效激发台湾青年对大陆的认识和兴趣。例如，通过利用社交媒体、网络平台、学术会议等方式，分享大陆青年的学习生活经验、就业创业故事，以及两岸青年共同参与的各类项目和活动的成功案例，让台湾青年更加直观地感受到大陆的发展动态和机遇。同时，举办各类交流活动、论坛和展览，为台湾青年提供更多了解大陆学术环境和文化的机会，激发他们对跨越海峡进行学术和文化交流的兴趣和热情，帮助他们建立起更广泛的社交网络，为未来的学习、工作和生活打下坚实的基础。为了进一步促进两岸青年之间的交流与合作，要鼓励和支持两岸青年共同参与科研项目、创新创业活动等，通过实际合作来增进了解和信任。例如，建立两岸青年创新创业基地、科技园区，为两岸青年提供共同研究开发、创业孵化的平台和资源，这不仅能够促进两岸青年的技能提升和个人成长，还能够加深两岸青年之间的合作与交流，共同推动两岸科技创新和经济发展。

华侨大学台湾高校学生"走进福建"学术夏令营

闽南师范大学海峡两岸闽南文化研习营

## （三）一系列具有吸引力的利好政策需持续深入研究和出台

鼓励台湾青年学生积极赴大陆求学，从而推动两岸教育交流，促进青年一代的相互了解与融合。为了进一步提升台湾青年在大陆学习的便捷性和吸引力，有必要深入探讨并推动建立两岸学术交流项目与合作研究中心等机制，这些机制不仅能为台湾青年提供更多的学习机会和资源支持，而且有助于他们在更广阔的学术舞台上拓展视野，提升专业能力。两岸学术交流项目可涵盖学术研究、文化体验、实践探索等多个层面，为台湾青年提供多元化的学习途径。合作研究中心则能集结两岸优秀学者，共同开展前沿研究，促进学术成果的产出与转化。这些举措将为台湾青年创造更多与大陆同行交流互动的机会，增进彼此的了解与友谊。同时，加强两岸教育认证和学分互认也显得尤为重要。通过统一认证标准和程序，实现两岸教育资源的互通互认，打破地域限制，为台湾青年提供更多选择大陆学习的便利条件。这种互认制度的建立，将促进两岸教育资源的共享与交流，为台湾青年在大陆深造创造有利条件。对于两岸高校而言，各大高等院校应充分发挥其在组织和引导方面的优势，进一步深化两岸高校教师与青年学生之间的交流与合作，通过构筑和完善程序化、规范化、常态化的交流交往体制机制，有效地保障两岸高校青年学生交流交往活动的顺利进行。增进两岸青年一代的相互了解与信任，为两岸融合发展注入新的活力。

## 二、激励台湾青年前往大陆就业

近年来,大陆经济呈现出稳健且持续的高速发展态势,由此带来的就业岗位数量逐年攀升,同时,薪资待遇也呈现稳步上升的趋势。这一积极的发展态势为广大求职者提供了更为广阔的就业天地与更加优厚的薪酬待遇,其中亦不乏越来越多的台湾青年身影。相较于此,台湾社会的经济发展则显得相对迟缓,就业形势日益严峻,特别是青年失业率居高不下,这一现象使得台湾青年对于在大陆寻找就业与创业机会的愿望愈发强烈。大陆在经济、科技、文化等诸多领域的迅猛进步,为台湾青年提供了更为多元化的就业机会和广阔的发展空间,这无疑进一步加深了台湾青年对大陆就业市场的向往与期待。为了实现台湾青年来大陆就业的目标,需要从多方面考虑,制定相应的政策和措施,以充分发挥两岸青年的潜力,共同推动两岸经济社会的融合发展。

### (一)持续构建线上线下相结合的服务平台

这一目标的实现不仅需要政府层面的大力扶持,更需要社会各界的广泛参与和协同努力。具体而言,设立专门的就业创业基金,用以资助和支持台湾青年在大陆的创业活动;加强公共服务基础设施的建设,为台湾青年提供良好的创业环境和条件;同时,积极鼓励台商、台企与大陆企业携手合作,共创共建,形成互利共赢的局面。这些措施的实施,将有效吸引和鼓励更多的台湾青年来大陆就业创业，推动两岸经济文化交流合作的深入发展。

## （二）为台湾青年赴大陆就业实习提供便利条件

应适当放宽台湾青年在大陆就业、实习、创业的门槛，为他们创造更加宽松和友好的环境；为在大陆就业的台湾青年提供与大陆居民同等的住房公积金、社会保险等福利待遇，保障他们的基本生活需求。通过建立完善的社会保障体系，为台湾青年在大陆提供更好的生活保障和福利待遇，这将有助于他们更好地融入大陆社会，适应大陆的生活和工作环境。2018年2月28日，国务院台办、国家发展改革委等29个部门发布并施行的《关于促进两岸经济文化交流合作的若干措施》中，明确指出要方便台湾同胞在大陆应聘工作，推动各类人事人才网站和企业线上招聘系统升级，支持使用台胞证注册登录。① 这一政策的实施，为台湾青年在大陆寻找就业和创业机会提供了极大的便利，进一步促进了两岸青年的交流与合作。

福州市台胞人才小区　　　　　　　福州市台胞公寓内景

---

① 中共中央台湾工作办公室 国务院台湾事务办公室.关于进一步促进两岸经济文化交流合作的若干措施[EB/OL].http://www.gwytb.gov.cn/zccs/zccs_61195/gza31ta/，2019-11-04.

## （三）加强两岸青年人才培养和交流平台的建设

应积极构建一套完善的两岸青年人才培养计划与交流项目体系，为台湾青年创造更多元化、更高质量的发展机会与平台。推动设立两岸青年人才交流基金与奖学金等专项支持，以经济激励的方式鼓励台湾青年来大陆求学就业，进而促进两岸青年人才的共同成长与进步。政府需进一步加大海峡两岸青年创业基地和就业创业示范点的建设力度，通过优化创业环境、完善服务体系，为两岸青年创业就业提供有力支撑。在此过程中，应为来大陆就业实习的台湾青年提供全方位的技术咨询、政策解读及资金支持，同时不断完善台湾青年就业实习的信息服务平台，通过信息的高效流通激发台湾青年来大陆就业实习的热情与积极性。为了吸引更多台湾青年来大陆创业就业，政府还需出台一系列优惠政策措施。例如，简化台湾青年来大陆创业就业的手续，降低创业门槛；提供丰富的创业补贴与政策支持，减轻创业初期的经济压力；加强创业培训与指导，提升台湾青年的创业能力与成功率。这些政策举措的实施，将有效吸引更多台湾青年来大陆投身创业就业大潮，推动两岸青年的交流与合作迈向新的高度。

## （四）加强对两岸青年创业基地和就业创业示范点的建设规划和布局

在经济相对发达地区设立创业基地和示范点，为台湾青年提供更优质的创业就业环境。加强与台湾相关部门和机构的合作，共同打造两岸青年创业就业示范点，推动两岸青年创业就业合作的深入发展。在宣传推广方面，政府可通过举办创业大赛、论坛等活动，邀请台湾青年积极参与，增进两岸青年的交流互动与相互了解，同时，利用多种渠道加强对两岸青年创业基地与就业示范点的宣传，提升其在两岸青年中的知名度与影响力，进而吸引更多台湾青年来大陆寻求发展机会。

福州市海峡创意产业园　　　　　　厦门市思明区两岸人才会客厅

平潭台湾创业园　　　　　　厦门市湖里区"台青创客家"两岸青年服务平台

## 三、鼓励台湾青年积极参与大陆公共事务

两岸同胞血脉相连的亲情，是未来两岸关系和谐发展的重要纽

带，而台湾青年作为两岸关系的重要参与者，其思想观念、行为方式以及对两岸关系的态度，将直接影响两岸关系的未来走向。因此，积极鼓励台湾青年共同参与中国大陆的公共事务，不仅是推动两岸关系和平发展的重要举措，更是促进青年一代健康成长的关键环节。

## （一）积极构建机制化、制度化沟通渠道与参与平台

加强两岸青年之间的交流与合作，台湾青年可以更加直观、更加全面地了解大陆的社会发展、文化特色和公共治理经验，从而消除误解、增进理解。这种深入的交流与合作，有助于台湾青年在思想上、情感上增强认同，为两岸关系的和平发展奠定坚实的社会基础。此外，参与大陆公共事务的经历，对于台湾青年而言，亦是一次宝贵的成长机会。在这个过程中，他们不仅能够亲身体验大陆的快速发展和社会变迁，还能够通过实践活动，如志愿服务、社区建设等，提升自己的社会责任感和公共管理能力。应积极构建两岸青年参与大陆公共事务的机制化、制度化沟通渠道与参与平台。通过举办各类交流活动、组织交流项目以及建立交流平台，为台湾青年提供更多了解大陆的机会，增进两岸青年之间的了解和友谊。

借鉴台湾志工团队运行模式的平潭上楼村巾帼志愿服务队

## （二）给予台湾青年更多的参与权和管理权

在社会管理层面，应积极探索构建具有两岸特色的开放性公共事务管理体制，鼓励台湾青年积极参与大陆社会治理体系的完善和发展，以加深其对大陆社会治理模式和发展道路的理性认知，给予台湾青年更多的参与权和管理权，以激发其参与公共事务的积极性。同时，鼓励台湾青年群体参与大陆的各种社会组织、社会活动以及社区治理，搭建网络新媒体互动平台，为台湾青年实现线上线下的互动交流提供便利，共同营造共同的生活经验与集体记忆，涵养认同感与归属感。

台湾青年基层治理人才叶铠嘉参与平潭海坛街道上井村、官姜村等村落治理

平潭社区矫正管理局司法社工台湾青年李恩祈，积极参与未成年人司法工作

## 四、发挥网络社交平台在青年交流中的引导作用

随着信息技术的飞速发展，网络新媒体在大陆与台湾青年交流中扮演着日益重要的角色。根据中国互联网络信息中心 2023 年 3 月 2 日发布的《第 51 次中国互联网络发展状况统计报告》

的数据可知，截至 2022 年 12 月，我国网民数量达 10.67 亿人，互联网普及率达 75.6%，手机网民规模达 10.65 亿人，使用手机上网的比例为 99.8%，其中 20—49 岁网民占比为 50.5%[①]，充分说明了当下青年群体使用网络社交平台的普遍性。这种现代通讯方式不仅极大地便利了两岸青年的相互了解与交流，也为他们提供了一个开放、多样的信息共享平台来分享生活、见解和想法。通过社交媒体、网络直播、短视频等形式，青年们可以随时随地进行交流互动，打破了传统交流在时间和空间上的限制。这种即时互动的方式，可让两岸青年能够更加直观地了解对方，促进了跨越海峡的友谊。然而，网络新媒体在推动两岸青年交流合作的同时，也伴随着一系列问题和挑战。网络信息的传播具有不可控性，网络空间缺乏有效的制度性管理，理性交流的氛围时有缺失，网络群体性事件也时有发生。这些问题不仅影响了两岸青年交流的质量和效果，也对青年人的身心健康和社会稳定造成了潜在威胁。

网络平台等新媒体技术的发展为两岸青年的交流交往提供了无限的可能性和机遇，但同时也带来了挑战和风险。在这个信息爆炸的时代，如何有效利用网络新媒体促进两岸青年的正面交流，成为一个重要课题。两岸相关部门和社会组织需要共同努力，通过制定合理的政策和措施，引导网络新媒体健康发展，营造良好的网络交流环境，促进两岸青年之间的理解和友谊。

---

① 中国互联网络信息中心. 第 51 次中国互联网络发展状况统计报告[EB/OL]. https://www.cnnic.net.cn/n4/2023/0302/c199-10755.html. 2023-03-02.

## （一）加强网络新媒体的正面引导和宣传

应加大微博、微信、Line、QQ、脸书等社交平台在两岸青年群体中的推广力度，为青年们提供一个自主、理性的网络交流空间。这不仅能够促进两岸青年之间的密切沟通和交流，还有助于拉近他们的心灵距离，建立深厚的互信关系，进一步深化"两岸一家亲"的理念。通过这些网络新媒体平台，可以定期发布两岸交流合作的正面消息和成功案例，展示两岸青年在学习、工作、生活等方面的交流成果，增强两岸青年的交流动力和信心。同时，也可以利用网络新媒体平台开展各种在线文化交流活动，如网络论坛、在线讲座、文化艺术展览等，让两岸青年在虚拟空间中相聚，共同参与讨论和学习，增进彼此的了解和认同。

三明市开展两岸线上文化交流活动

第二十届海峡两岸青年论坛采用"线上+线下"模式举办

## （二）加强网络新媒体的监管和管理

针对网络信息传播的不可控性和网络空间管理的不规范性等

问题，需要加强对网络新媒体的制度化建构与有效监管，建立健全相关法律法规的制定和执行，严厉打击有损国家名誉和安全的言论，对于传播虚假信息、煽动仇恨和分裂的行为，应当严格查处，维护网络空间的公正和健康，确保网络空间的清朗。同时，也应加强对网络新媒体内容的审核和管理，防止不良信息的传播，保障青年人的身心健康。要加强对网络新媒体从业人员的培训和监督，提高其专业素养和责任意识，确保网络新媒体的良性发展。同时，还应加强网络素养教育，提高青年群体的信息辨识能力，引导他们理性使用网络新媒体，培养健康的网络行为习惯。

## （三）鼓励和支持两岸青年通过网络新媒体开展创新合作

鼓励和支持两岸青年通过网络新媒体开展创新合作，对于推动两岸关系和平发展、增进两岸青年相互了解与友谊、促进两岸经济文化交流与合作具有重要意义。在信息化、数字化快速发展的时代背景下，网络新媒体已成为两岸青年交流合作的重要平台和载体。通过网络新媒体开展创新合作，不仅能够增强两岸青年的实践能力和创新意识，还能够促进两岸经济文化的交流与合作，为两岸青年提供更多的发展机会和平台。第一，鼓励两岸青年共同开发应用程序、在线创业项目等创新合作，有助于提升他们的实践能力和创新意识，在合作过程中，两岸青年需要共同研究市场需求、分析用户行为、设计产品功能等，这将锻炼他们的团队协作能力、创新思维和解决问题的能力。同时，通过不断尝试和探索，两岸青年还能够积累宝贵的创业经验，为未来的职业发展奠定坚实基础。第二，创新合作能够促进两岸经济文化的交流与合作。两岸青年通过网络新媒体开展创新合作，不仅能够实现资源共享、优势互补，还能够推动两岸产业的融合发展。例如，两岸青年可以共同开发具有两岸特色的文化产品，将两岸的文化元素融合在一起，通过网络平台推广给更广泛的受众。这将有助于增进两岸民众对彼此文化的了解和认同，推动两岸经济文化的深度融合。第三，创新合作还能够为两岸青年提供更多的发展机会和平台。通过网络新媒体开展创新合作，两岸青年可以接触到更多的信息和资源，拓展自己的视野和人脉。同时，他们还能够通过合作项目展示自己的才华和能力，吸引更多的投资和支持。这将有助于推动两岸青年的个人成长和事业发展，为两岸关系的和平发展注入新的活力。

网络新媒体在促进两岸青年交流合作中发挥着越来越重要的作用。通过加强正面引导和宣传、加强监管和管理、鼓励创新合作等措施，可以有效利用网络新媒体的优势，克服其存在的问题和挑战，促进两岸青年的深入交流和友谊，为两岸关系的和平发展贡献青年力量。

## 第二节　进一步深化闽台青年交流机制建设前瞻性研究

　　作为两岸交流的重要窗口和两岸融合发展示范区，福建省在推动闽台青年交流机制化建构方面具有重要的地位和作用。在两岸关系日益紧密的当下，加强制度化建设已成为海峡两岸双方共同关注的重点。在这一大背景下，福建以其独特的地理优势和人文底蕴，成为两岸交流的重要窗口，承担着连接两岸人民、促进双方交流互鉴的重要角色。作为两岸交流合作的先行先试区，福建肩负着重要的历史使命，为推动闽台青年交流的机制化建构，福建应积极组织相关政府职能部门、高校研究机构以及社会研究机构等多方力量，共同开展前瞻性研究。通过深入研究闽台青年交流的现状、问题以及发展趋势，探索出更加符合两地实际、更加有利于青年成长的交流机制。在这一过程中，福建可以充分利用自身的政策优势、人才资源和研究实力，搭建起一个多元化、开放性的研究平台。通过该平台，政府、高校、社会研究机构等各方可以充分交流、深入合作，共同为闽台青年交流机制的建构提供有力支撑。此外，福建还应注重加强两岸青年之间的交流互动，推动双方在文化、教育、经济等领域的深度融合。通过举办各类交流活动、搭建交流平台、推动合作项目等方式，为两岸青年提供更多的交流机会和合作空间。

## 一、积极开展闽台青年交流机制建设研究

2023年9月12日出台的《中共中央、国务院关于支持福建探索海峡两岸融合发展新路建设两岸融合发展示范区的意见》明确提出，要"鼓励青少年交流交往，支持闽台各领域各行业青年团体建立常态化交流渠道"[①]。为了持续推动闽台青年交流深入发展，需要采取一系列具有针对性和实效性的措施。闽台两地拥有得天独厚的交流优势，深化青年交流，构建稳固且富有活力的交流机制，对于推动两岸关系的和谐共进、增进双方的了解与互信具有至关重要的意义。两岸青年之间存在着强烈的交流需求和广泛的合作空间。以大陆青年学生赴台交换就读为例，这种交流形式不仅获得了台湾社会的广泛认同和热烈欢迎，更在无形中推动了两岸青年之间的心灵契合与文化融合。大陆青年学生的到来，不仅为台湾校园注入了新的活力，更激发了台湾学生的学习热情与竞争意识，这种"鲶鱼效应"无疑为两岸青年交流注入了强大的动力。两岸青年交流不仅需要关注交流的形式与内容，更需要综合考虑交流可能带来的长远影响，通过建立健全的交流机制，加强两岸青年之间的沟通与理解，可以为两岸关系的和平发展奠

---

① 中华人民共和国中央人民政府.中共中央 国务院关于支持福建探索海峡两岸融合发展新路 建设两岸融合发展示范区的意见[EB/OL].https://www.gov.cn/zhengce/202309/content_6903509.htm，2023-09-12.

定坚实的基础，确保交流活动能够持续、健康地推进。

## （一）为青年交流提供稳定的环境

充分发挥现有成熟交流机制的优势，并在此基础上进行持续的创新和完善，无疑是提升交流活动质量和效果的关键所在。这些机制经过长时间的实践检验，已经形成了较为完善的运作模式和经验积累。它们具有稳定性、可靠性和高效性等特点，能够确保交流活动的顺利进行。因此，我们应充分利用这些机制，通过定期举办交流活动、加强组织协调、优化资源配置等方式，不断提升交流活动的质量和效果。然而，仅仅依赖现有机制是不够的，我们还需要持续创新和完善。随着两岸关系的不断发展和青年交流需求的日益增长，现有的交流机制可能面临一些新的挑战和问题。因此，我们需要不断探索新的交流方式、拓展交流领域、优化交流形式，以适应新的形势和需求。以交换生制度为例，这是一种典型的青年交流方式，对于促进两岸青年之间的相互了解具有重要作用。增加互派交换生的频率和规模，让更多的青年有机会参与到这一活动中来。同时，我们还应扩大交换生交流的学术领域，鼓励他们在不同学科领域进行深入的交流与合作。此外，延长交换学习的时间也是必要的，这可以让青年们有更多的时间深入了解对方的文化和社会，增进彼此之间的沟通。此外，还可以探索更多新的交流方式。例如，在线交流具有便捷性和实时性等特点，让两岸青年随时随地进行沟通交流。我们可以利用网络平台建立青年交流社区，为青年们提供一个互相学习、分享经验的平台。短期文化体验营也是一种有效的交流方式，可让青年们亲身感受对方的文化氛围和生活方式，加深对彼此的理解和认同。

厦门大学举办两岸青年学子文化研习营　　福建师范大学举办第十届两岸文化发展论坛

## （二）聚焦台湾青年的现实需求

通过深入挖掘两岸青年在兴趣爱好、职业规划、文化认同等方面的深层次需求，应设计更具针对性，更符合青年期待的交流项目，这不仅能够有效激发两岸青年的参与热情，提升交流活动的吸引力和影响力，达到更好的交流效果，还能够深化两岸青年之间的理解和友谊，推动两岸关系和平发展。同时，加强对交流活动的宣传和正面引导，营造积极向上的交流氛围，对于推动两岸青年交流深入发展具有不可忽视的作用。通过充分利用网络、社交媒体、校园广播等多元化渠道，广泛传播交流活动的信息，展示交流成果，激发更多两岸青年的交流兴趣，让更多的人了解和参与到交流活动中来。通过积极传播两岸一家亲的理念，弘扬中华文化的共同价值，可以进一步增进两岸青年的文化认同和民族自豪感，营造一个积极、健康、和谐的交流氛围，为两岸青年交流创造更加和谐、稳定的社会环境。

## （三）构建长效交流机制

确保交流的持续性和稳定性，是保障两岸青年交流能够长期稳定发展的关键所在。这要求我们在设计交流活动时，不仅要关注活动的即时效果，更要考虑如何确保交流的持续性和稳定性。具体而言，可以通过建立常态化的交流平台，为两岸青年提供长期、稳定的交流渠道；设立专项基金支持交流项目，为交流活动提供稳定的资金保障；建立两岸青年交流的长期合作关系，为两岸青年之间的深度交流提供有力支持。通过这些措施的实施，我们可以为闽台青年交流提供坚实的支持和保障，推动两岸青年交流事业不断向前发展。

2023年9月27日，海峡两岸科学交流专项基金签约仪式在北京举行

## 二、健全两岸青年交流内容的供给机制

随着时代的进步和社会的发展，闽台青年的交流模式不断地

演进与升级，从最初分散的民间单一模式逐渐演变成为如今更为全面广泛的交流模式。这一显著变化不仅标志着闽台青年交流进入了一个全新的发展时期，同时也为两岸青年提供了更多元化、更高质量的交流机会和平台。如今，闽台青年交流展现出广阔的发展空间和巨大的发展潜力。为了充分发掘发挥闽台地区多区叠加事务的独特优势，强化两岸青年交流交往的效果，推动交流内涵的进一步拓展与提升，建立健全、创新完善的闽台青年交流内容供给机制显得尤为迫切和重要。这一机制不仅能够为两岸青年提供更加多元化、个性化的交流内容，还能够帮助两岸青年深入了解彼此的文化、历史、社会等多方面的情况，从而促进两岸青年之间的相互理解和友好感情，为两岸关系的和平发展奠定坚实的人文基础。

## （一）针对不同年龄层的台湾青年输出差异化的内容供给

通过针对不同年龄层的台湾青年，输出不同的内容供给，不仅能够加强两岸青年之间的理解和友谊，还能够促进两岸文化的交流与融合，为两岸关系的和平发展奠定坚实的基础。对于台湾地区的青少年群体而言，福建应充分利用自身与台湾文化同源的优势，深入挖掘并整合丰富的本土旅游和文化资源。例如，通过组织台湾青少年参观福建的历史文化景点，如武夷山、泉州古城、土楼等，体验中华传统文化的独特魅力。此外，通过安排台湾青少年参与福建的文化体验活动，如制作传统手工艺品、学习福建地方戏曲等，不仅能够增加他们对中华文化的认识和兴趣，还能够增强两岸青少年之间的文化认同感。针对台湾中学生群体，可以围绕客家文化、闽南文化、妈祖文化、关帝文化等特色主题，开展一系列的实践体验活动，让他们在参与中深入了解和体验福建多元和丰富的地方文化。例如，组织台湾中学生参与妈祖巡游活动，感受妈祖文化的深厚底蕴；参与客家山歌比赛，领略客家文化的独特风情；学习制作闽南传统小吃，体验闽南文化的魅力。

闽台青少年筑梦行文化交流活动在福州市举办

两岸中学生在福州市共同体验做花灯等传统习俗

## （二）引导台湾大学生参与福建的民俗节庆或支教等活动

对于台湾大学生，福建可以提供更加专业和深入的学术交流和实践机会，如灯会、龙舟赛等，让他们在参与中加深对福建文化的理解，并与福建学生建立深厚的友谊，促进两岸青年之间的交流与理解。也可以组织台湾大学生群体赴大陆支教、开展社会实践调研活动、帮助他们了解大陆社会的发展现状，以增强他们的社会责任感和实践能力。同时，通过举办学术讲座、研讨会等活动，邀请台湾大学生参与两岸学术交流与合作，拓宽他们的学术视野，深化专业知识。此外，还可以组织台湾大学生参观两岸交流基地，参与两岸文化交流活动，了解两岸经贸合作现状，为他们的未来发展提供更为广阔的平台。

泉州师范学院举办闽台青年交流周活动

## （三）提升活动内容的针对性、互动性和影响力

通过深入了解青年群体的偏好，可以更有效地设计交流活动，使之不仅仅是单向的信息传递，而是成为双向的、互动性强的交流体验。流行时尚文化，以其轻松愉悦的特点，深受青年人喜爱。例如，通过组织两岸青年共同参与的流行音乐会、偶像剧讨论会、综艺节目观摩等活动，为两岸青年提供共同的话题和兴趣点，还能够在轻松的氛围中促进两岸青年之间的理解和友谊。

两岸青年在福州市金山中学举行足球比赛　　两岸青年在福州市举办音乐交流活动

## （四）提升活动的吸引力和参与度

在娱乐方面，邀请两岸知名艺人、体育明星参与交流活动，如举办粉丝见面会、明星慈善比赛等。在文化方面，通过组织书法、绘画、茶道等传统文化体验活动，让青年深刻感受到中华文化的深厚底蕴和独特魅力。这种亲身体验的方式，比单纯的知识讲授更能够激发青年对传统文化的兴趣和热爱。在历史方面，举办历史讲座、文物展览等活动，帮助青年了解两岸共同的历史渊源，增强对民族文化和历史的认同感。对历史的深入了解，能够帮助青年更好地理解两岸关系的发展脉络，促进两岸青年之间的历史共识。在艺术方面，举办音乐会、舞蹈表演等文艺活动，不仅可以展示两岸艺术家的才华，还可以为两岸青年提供共同欣赏和讨论艺术作品的平台，促进文化交流和艺术共鉴。在科技方面，组织科技论坛、创新比赛等活动，激发青年的创新意识和科技热情，促进两岸青年在科技领域的交流与合作。通过这些活动，两岸青年可以亲身感受到科技创新的魅力，激励他们投身于科技事业的发展中。在体育方面，举办体育比赛、健身活动等，不仅能够增强青年的体质，还能够提供一个两岸青年相互交流、增进友谊的平台。体育活动的竞技性和团队合作精神，能够促进两岸青年之间的相互理解和尊重。通过以上多维度的交流活动，结合闽台青年的兴趣点和关注点，可以更有效地吸引和凝聚青年参与两岸交流，实现文化互鉴、心灵契合。这些活动不仅能够丰富青年的精神文化生活，还能够对青年的世界观、成长观形成积极的引导和示范作用，为两岸关系的和平发展注入新的活力和动力。

闽台青年共同写春联

宁德市举办海峡两岸街舞大赛

宁德市举办海峡两岸华流音乐节

闽台新春文化大联欢活动中邀请的著名台湾歌手

### 三、积极开展闽台青年交流重点项目的创新性研究

闽台青年交流的发展历程大致经历了四个阶段：单向推动、双向触动、双向互动，以及现在的多元互动阶段，每个阶段都体

现了两岸青年交流深度和广度的不断扩展。早期，闽台青年交流主要是单向推动的，这一阶段的特点是交流活动大多由一方单独发起，且主要是以文化、教育为主导的交流形式。这种单向的推动虽然打开了两岸青年交流的大门，但由于缺乏有效的双向互动，其影响力和深度相对有限。在这个阶段，交流活动更多地侧重于介绍和展示，而较少涉及到真正意义上的沟通和理解；随着两岸关系的发展和青年群体交流需求的增长，闽台青年交流逐渐进入了双向触动阶段。在这一阶段，两岸开始相互发起交流活动，交流的形式和内容也开始多样化，包括学术交流、艺术表演、体育竞赛等。通过这种互动的模式，两岸青年有了更多的机会直接接触和了解对方，交流活动的影响力和参与度也有了显著提升。然而，尽管交流的频率和范围在增加，但在深度和广度上仍有待加强；随着信息技术的发展和社会交往模式的变革，闽台青年交流进一步发展为双向互动阶段。

## （一）提高交流的便利性和实时性

两岸青年通过网络平台、社交媒体等现代通讯手段，实现了更加频繁和直接的交流。这种双向互动不仅限于面对面的活动，还包括在线讨论、远程合作等形式，大大提高了交流的便利性和实时性。两岸青年能够更深入地分享彼此的生活经验、文化背景和个人见解，促进了相互理解和友谊的深化；现在，闽台青年交流已经进入了多元互动的新阶段。在这个阶段，交流的方式更加多样化，内容也更加丰富。除了继续深化文化、教育、科技、体育等领域的交流外，还涵盖了创业合作、环保活动、公益项目等新的领域。多元互动的特点是强调参与性和创造性，鼓励两岸青年共同参与到项目规划和实施中，通过共同解决问题、实现目标的过程，加深彼此之间的联系和理解。这种多元化的互动方式，不仅为两岸青年提供了更广阔的交流平台，也使得交流的效果更加深远和持久。

## （二）增加形式多元、内容充实的交流活动

在各方的协同合作与不懈努力下，一系列形式多元、内容充实的闽台青年交流活动如雨后春笋般涌现。这些活动不仅为两岸青年提供了相互了解与深化友谊的契机，更成为展示福建独特文化魅力的重要窗口。其中，部分活动已逐渐发展成为具有显著影响力和广泛参与度的品牌项目。以海峡青年论坛为例，该论坛巧妙地将两岸的"五缘"优势、地理区位优势以及丰富的文化优势相结合，并巧妙融入青年所钟爱的现代时尚元素。正因如此，该论坛得以吸引来自海峡两岸暨港澳的青年踊跃参与，成为一个兼具闽台特色、持续创新、不断传递正能量的交流品牌。它为两岸青年搭建了一个深入交流、增进理解的平台，促进在互动中加深友谊，在交流中促进理解。此外，两岸青年社团负责人圆桌会议作为在政府部门主导下的机制性平台，广泛组织、引导和动员两岸重点青年社团、青年组织参与交流活动。通过定期的会面协商，该平台不仅促进了两岸青年社团间的务实合作，更增强了他们之间的联系与协作，为两岸青年交流注入了新的活力。海峡两岸青年创新创业大赛则聚焦于科技创新、文化创意、社会企业等

多个领域，旨在激发青年的创新精神和创业热情。这一平台不仅为两岸青年创业者提供了交流创业经验的场所，更通过激发他们的创新思维和创业动力，为两岸青年实现梦想提供了广阔的舞台。积极探索两岸青年文化交流节等丰富多彩的文化活动形式，如表演、展览、文化讲座、传统工艺体验等，展示了两岸青年的文化创作成果，深入探讨了两岸文化交流与发展的话题，使青年们在体验传统文化的魅力的同时，加深了对两岸文化的了解，促进了文化的传承与创新。

第 61 届中国高等教育博览会在福州市举办

## （三）深入挖掘并充分发挥福建本土文化优势

在积极建构常规性青年交流机制的同时，还需致力于整合特色资源，并有效地利用本土优势。具体而言，应深入挖掘并充分发挥闽南文化、妈祖文化、关帝文化、客家文化等福建本土文化的独特魅力，同时结合现代新媒体技术与平台，进一步提升活动的参与性、互动性以及体验性，从而持续完善并打造具有长久生命力和影响力的重点品牌交流项目。两岸青年交流交往的活动项目设计还应适应大数据时代的发展趋势，充分着眼于两岸青年的兴趣点和需求点，为此，需进一步深入了解青年的需求与喜好，兼顾两地文化的共同点和差异性，结合当下流行的文化元素、新型的社交方式以及创新的娱乐形式，开展数字化交流项目。这些举措能够为两岸青年交流交往提供新的渠道和路径，促进两岸青年之间的情谊与联系，推动彼此间的相互理解、尊重与友谊的深化发展。

## 第三节　制定闽台青年交流机制的中长期规划

两岸青年作为未来社会的建设者，他们之间的交流与合作对于深化两岸关系具有重要意义。然而，当前闽台青年交流机制建设还处于初级阶段，存在一些亟待解决的问题。

### 一、构建闽台青年交流机制中的挑战

虽然闽台青年交流已经取得了显著成果，逐步形成了多渠道、跨区域的交流模式，展现出了蓬勃的活力和广泛的参与度，然而，若要持续推进并深化这一交流进程，必须对更为合理、科学的中长期规划与设计进行研究。这一规划不仅涉及到交流活动

的具体实施，更关乎到整个交流体系的构建与完善。

近年来台湾岛内经济社会面临多重挑战，包括就业难、收入增长缓慢、生活成本上升等问题，越来越多的台湾青年开始重新审视和认识大陆。不少台湾青年因岛内就业市场的严峻形势、对学业成就的更高追求，以及对更广阔生活空间与发展机遇的渴望，选择跨越海峡，来到大陆学习、工作和生活。课题组在与部分在闽高校就读的台湾青年学生的深入交流中了解到，他们之所以舍弃在台湾相对舒适的生活环境和学习环境，选择来到福建的高校学习，主要是出于对未来职业发展的考量。他们希望在福建完成学业后，能够凭借所获得的文凭，在福建顺利就业，拓展个人成长与发展的空间。这种选择不仅体现了他们对大陆发展潜力的认可，也展示了他们追求个人价值与梦想的决心。这种现象反映出台湾青年学生对于大陆就业市场的看好和对个人发展机会的追求。他们认为在大陆求学和就业能够为自己的未来打下更为稳固的基础，同时也体现了两岸交流合作的积极意义。通过跨越海峡的学习经历，这些台湾青年学生不仅能够获得专业知识，还可以拓展人脉资源，增进对大陆社会文化的了解，为未来的职业发展和个人成长积累宝贵经验。这种教育交流形式不仅有利于台湾青年学生的个人发展，也促进了两岸青年之间的友谊与合作，为推动两岸关系的发展注入新的活力。

首先，交流机制的建设不够完善，缺乏一个统一、高效的平台来协调和管理两岸青年的交流活动。这导致交流活动的组织和实施过程中存在诸多不便，难以满足青年交流的需求和期望。其次，闽台青年交流缺少提前谋划和预先考量。很多交流活动往往是临时性的、碎片化的，缺乏长远的规划和连贯性的设计。这种短期行为导致了交流活动的效果难以持续和积累，长效性和持续性受到了影响。再次，两岸青年交流活动在内容和形式上还不够丰富和创新。当前的交流活动往往局限于传统的访问、研讨等形式，缺乏创新和吸引力，难以激发青年的热情和参与度。

为此，必须充分整合全省乃至全国范围内的交流资源，通过资源整合与优化配置，推动形成规模化、品牌化、实效性兼具的青年交流体系。这一体系不仅要能够覆盖更广泛的青年群体，更要能够提供更高质量的交流体验，让青年们在交流中真正受益。在构建这一体系的过程中，政府部门的支持和引导至关重要，政府部门需要出台相关政策，提供必要的资金支持和组织保障，推动青年交流活动的深入开展。同时，社会各界的积极参与和贡献也是不可或缺的。高校研究机构、社会研究机构等力量应当被充分调动起来，共同参与到青年交流机制的建设中来。

## 二、闽台青年交流机制的中长期规划推进路径

当下，对现有的闽台青年交流机制进行全面且系统的梳理与分析显得尤为迫切。这一举措不仅是对当前两岸交流现状的深入剖析，更是对未来交流机制发展的前瞻规划，具有重要的理论和实践意义。首先，全面且系统的梳理与分析有助于深入理解和客观评估现有交流机制的运行效果及其局限性。通过对闽台青年交流机制的细致研究，可以清晰地认识到机制在促进两岸青年交流、增进相互了解方面所取得的成效，能够发现机

制在运行过程中存在的问题和不足，为未来的改进和发展提供宝贵的参考。

## （一）统筹协调官方力量与资源

可以组织政府相关职能部门、高校研究机构、社会研究机构等多方力量，共同研究制定《建设闽台青年交流机制中长期规划》。这一规划应当明确未来一个时期内青年交流的目标、任务、措施和保障，为青年交流活动的持续推进提供明确的指导意见。此外，该规划需要对制定闽台青年交流的各项运行机制、协作机制、保障机制、评价机制等进行具体规划和部署，形成一个全面、系统的交流机制框架。这不仅包括交流活动的组织与实施，还涉及到交流成果的应用与反馈，以及如何保障交流活动的质量和效果。在此过程中，明确责任单位、责任人、制定时间至关重要，确保各项任务能够按期有序完成，高效推进闽台青年交流机制的建设。通过这一规划的实施，可以进一步推动闽台青年交流机制的建设，促进两岸青年之间的深入交流与理解，为两岸关系的和平发展注入新的活力。

在制定《建设闽台青年交流机制中长期规划》时，需要特别考虑到双方的文化背景和社会环境。闽台两地虽然在语言、文化等方面有着千丝万缕的联系，但也存在一定的差异。这些差异不仅体现在传统习俗、生活方式上，还可能反映在青年群体的价值观念和行为习惯上。因此，规划中需充分尊重双方的文化差异，积极促进文化交流与融合，努力构建一个互相尊重、平等相待的交流氛围。通过文化的互鉴和学习，不仅能够增进两岸青年的相互理解，还能够丰富他们的文化视野和人生经历。

## （二）关切双方青年的需求与发展诉求

青年群体作为社会的活力源泉和未来的希望，他们的兴趣、需求和发展方向将在很大程度上影响两地的未来走向。因此，在规划交流机制时，应该充分考虑青年群体的需求，提供更多的交流机会和平台，促进他们的成长与发展，激发他们的创新潜能，为两地的发展注入新的活力。在这其中，政府在交流机制的建设中扮演着重要的角色，政府部门应该发挥其在资源调配和政策制定方面的重要作用，通过出台有利于青年交流与合作的政策，提供政策支持和资金投入，为交流项目提供资金补助、简化申请流程、提供必要的行政和法律支持等。政府的这些举措能够为青年交流活动的顺利开展提供更加坚实的保障和支持，从而营造一个更加开放和友好的交流环境。

## （三）充分发挥社会组织力量

社会组织应该积极参与到交流机制的建设中，凭借其灵活的运作机制和丰富的资源网络，在青年交流项目的策划、组织和实施等方面发挥独特的作用。通过与政府部门、教育机构、企业等多方合作，社会组织能够为青年提供更多样化的交流机会和更为丰富的资源支持。再者，为了满足不同青年群体的需求，应建立和完善多元化的交流平台，包括线上交流平台和线下交流活动。线上平台可以利用现代信息技术，为两岸青年提供一个随时可访问、交流无障碍的环境，促进知识共享和文化交流。线下活动如研讨会、工作营、文化节等可以增进两岸青年的直接交流和深度合作，加深他们对彼此文化的理解和认同。在交流机制的建设过程中，应充分考虑到青年群体的多样性和个性化需求。这意味着，不仅要为青年提供学习交流的机会，还应关注他们的职业发展、创业支持、心理健康等方面的需求。通过提供全方位、多层次的支持和服务，帮助青年解决成长过程中遇到的问题，促进他们的全面发展。

## （四）强化两岸青年共同的中华文化记忆

中华文化作为跨越千年的文明，不仅是中华民族的骄傲，也是连接海峡两岸青年的桥梁和纽带。海峡两岸虽然因历史原因长期分隔，但无论是在血缘、语言、习俗上，还是在文化、信仰上，都有着不可分割的联系。海峡两岸的青年，同为中华民族的血脉相承者，深受中华传统文化的熏陶与滋养，他们共同承载着实现中华民族伟大复兴的"中国梦"这一伟大使命，中华传统文化对他们的影响深远，是他们成长成才的重要精神支柱。中华文化博大精深，不仅体现在文学、艺术、哲学等方面，更蕴含着深邃的人文精神和价值观。这些文化精神和价值观，如孝道、礼仪、和谐、忠诚等，对两岸青年的人格形成和思想观念有着深远的影响。通过中华传统文化的学习和传承，两岸青年可以更加深刻地理解"荣辱与共""命运共同体"概念，实现心灵的契合和情感的融合。

近年来，两岸交流活动形式更加丰富，不仅包括学术研讨、文化展览、艺术表演等形式，还涵盖了许多亲身体验当地风俗民情和特色文化的机会。通过这些活动，两岸青年能够在合作中发现共同的兴趣和目标，增强"闽台亲上亲"的感情。

为了进一步促进两岸青年的文化交流与心灵契合，相关部门有必要充分挖掘并利用各自地区内丰富的文化资源优势，同时创新交流活动的形式与内容，达到更加深入和广泛的交流效果。具体而言，可以考虑组织更多涉及两岸青年共同参与的项目，如文化遗产保护计划、传统艺术工作坊以及历史文化探索之旅等，为两岸青年提供一个亲身体验和深度了解中华文化的平台，促进他们对传承和弘扬中华优秀传统文化的热情与责任。加深两岸青年之间的文化理解和情感联系，为促进两岸关系的和谐发展提供坚实的人文基础和积极的社会氛围。相关部门应当积极行动起来，通过精心设计和组织这类文化交流活动，为两岸青年搭建一个更加宽广的交流平台，共同推动中华文化的传承与发展。

加强两岸高校和教育工作者之间的交流与合作对于提升台湾青年对中华传统文化的理性认识和客观认知具有重要作用。通过定期举办两岸学术研讨会、文化交流活动和学生互访项目，能够有效促进两岸青年在学术和文化领域的深度交流与合作。要充分利用网络新媒体的优势，构建两岸青年共同的历史记忆。在数字时代，网络新媒体已成为青年群体获取信息和知识的重要途径。通过建立两岸共同的网络平台，发布和传播关于中华文化和历史的权威信息，可以有效增强两岸青年对中华文化的认同感和归属感。例如，教育部门可以开发一系列关于中华文化和历史的教学资源，为两岸青年提供更加全面和客观的历史史实教育。抓好对网络舆论的引导和监管工作，完善相关网络管理的一系列法律法规，对于营造一个健康、积极的网络文化环境，促进两岸青年之间的正面交流具有重要意义。

创建和创新两岸青年文化交流平台，是促进两岸青年文化交流的重要手段。通过组织文化艺术展览、传统节日庆典、文化遗产保护项目等活动，可以让两岸青年在参与中感受中华文化的魅力，增进对中华文化的理解和尊重。应鼓励两岸青年共同参与中华文化的创新和传承，如共同制作文化短片、开展文化创意项目等，可以进一步增强两岸青年之间的情感联系和文化认同。

## 三、构建闽台青年交流机制的展望

通过梳理与分析，可以为未来对机制进行改进和发展提供一个明确的方向和思路。在了解现有机制的优点和不足的基础上，针对性地提出改进措施和发展方向，使机制更加符合两岸青年的实际需求，更加有效地推动两岸关系的和平发展。同时，这也有助于增强两岸青年对交流机制的认同感和归属感，进一步激发他们参与交流的热情和积极性。结合两岸的具体实际情况，可以更有针对性地提出对近期拟推动实现的闽台青年交流机制的具体指导建议。

## （一）制定更加灵活多样的交流项目

针对两岸青年的不同需求和特点，制定更加灵活多样的交流项目，以满足不同群体的需求。同时，我们还可以加强两岸高校、企业、社会组织等各方力量的合作，共同推动青年交流机制的完善和发展。此外，对未来三五年内希望构建成的闽台青年交流机制进行较为系统且长远的规划也是十分必要的。这需要根据两岸关系的发展趋势和青年交流的实际需求，制定具有前瞻性和可操作性的规划方案。通过规划的实施，可以逐步构建起更加完善、更加高效的青年交流机制，为两岸关系的和平发展注入新的动力。以当前较为成熟的闽台交换生制度为例，这一制度在推动两岸青年交流方面发挥了重要作用。然而，随着两岸关系的不断变化和青年需求的日益多样化，也需要对这一制度进行不断的完善和创新。

## （二）推动出台更多两岸青年喜闻乐见制度措施

应积极探索并推动双方共同出台更多符合实际、兼顾双方利益、深受青年及其家长欢迎的制度措施。例如，可以进一步完善交换生的选拔和培养机制，加强学术交流和文化融合的深度与广度，以提高交换生的学习体验和成长质量。在交换过程中，还应注重确保交换生能够更好地适应并融入当地的生活和学习环境。为此，可以提供一系列的支持措施，如语言和文化适应课程、心理辅导服务、学习辅导等，以确保他们能够在新的环境中顺利成长。这些措施不仅可以帮助交换生解决生活和学习上的困难，更能增强他们的归属感和自信心，促进两岸青年之间的深入了解与友谊。同时，还可以通过组织丰富多样的交流活动和文化体验项目，增进闽台青年之间的相互沟通与了解。例如，可以举办文化交流节、青年论坛、体育比赛等活动，让两岸青年在轻松愉快的氛围中增进友谊、拓展视野。这些活动不仅可以丰富两岸青年的生活体验，更能加深他们对两岸文化的理解和认同，为两岸关系的和平发展奠定坚实的基础。

在两岸青年社团交流方面，每年定期召开的两岸青年社团负责人圆桌会议已取得了显著的成效。为两岸青年社团提供了一个交流合作的平台，促进了两岸青年社团之间的互信与合作。应进一步考虑扩大对两岸青年社团，特别是中小型青年社团的覆盖面，以增强对两岸主流青年社团的影响力。通过扩大覆盖面，吸引更多的青年社团参与到两岸交流中来，推动两岸青年社团之间的深度互动与合作。

## （三）推动构建闽台青年事务议事平台

在两岸关系逐渐升温、交流日益频繁的背景下，一系列重要的两岸议事机制，如两岸经贸文化论坛、海峡论坛、紫金山峰会等，为两岸间开展权威性、开放性、互动性与务实性的交流合作搭建了坚实的平台。这些机制不仅促进了两岸之间信息的交流与共享，还推动了双方在经贸、文化、教育等多个领域的深度合作。尤为值得一提的是两岸两会高层会晤机制。自海协会与台湾海基会恢复两会之间的制度性协商会谈以来，不仅深化了两岸之间的合作，也为两岸的繁荣稳定奠定了坚实的基础。通过一系列的协商与合作，两岸关系得以持续改善，双方在经贸、文化、教育等领域的交流日益频繁，相互了解与信任也不断增强。这些成果充分展现了两岸议事机制在推动两岸关系和平发展、促进两岸同胞团结合作方面的重要作用。这些机制的建立和持续运作，不仅有助于增进两岸之间的相互了解和信任，也为双方开展更广泛、更深入的合作提供了重要的平台和机遇。通过这些高层会晤和协商，两岸能够就共同关心的议题进行深入交流，解决分歧，达成共识，促进双方关系的发展。

第十五届海峡论坛

第十届两岸经贸文化论坛

在全球化背景下，两岸之间的合作与交流显得尤为重要，这些机制的不断完善和发展将进一步推动两岸关系的和平发展，造福两岸同胞和地区民众。两岸的对话应越来越多元化，两岸基础性的机制建立，不能单靠民间力量，而应该建立多层次的官方平台和制度化的协商机制[①]。在当前两岸关系的背景下，加强对话

---

① 中国台湾网.第五届两岸青年学者论坛开幕 探讨"制度化"［EB/OL］.http://www.taiwan.cn/xwzx/zxzt/xndr/lagyzgm/whhpfz/201710/t20171027_11857889.htm，2013-03-05.

和建立稳定的机制至关重要。通过建立多元化的对话平台和制度化的协商机制，可以为两岸关系的发展奠定更加坚实的基础。同时，青年交流作为闽台交流的重要组成部分，应该得到更多的官方支持和引导，以促进两岸青年之间的相互了解和合作。通过提升青年交流的规模和质量，可以推动闽台关系向更加稳定和繁荣的方向发展。

福建作为对台交流中的"先行先试"示范省份，在开展对台交流工作方面具有显著的优势。在中央的批准与支持下，福建应积极寻求并建立一种由闽台官方与民间相关人士共同参与的"闽台青年事务议事机构"，以进一步推动两岸青年的深入交流与合作。具体而言，可以考虑设立"闽台青年事务办公室"作为这一议事机构的常设机构，其组织形式可以灵活多样，既可以是实体型的固定组织，也可以是松散型的临时性组合。通过定期或不定期召开闽台青年事务会议，打造闽台青年交流事务的沟通协商平台。该机构将负责与闽台主管青年交流事务的部门保持密切联系，及时沟通信息，协调行动。同时，积极邀请并吸纳那些积极参与闽台青年交流的相关青年团体或个人加入，共同研究确定闽台青年交流与合作的共同计划，探讨规划闽台青年交流的有效发展路径。此外，该机构还将负责分析解决闽台青年交流中的具体事务，如活动安排、资金筹措、人员往来等，以及在遇到各类紧急情况时能够迅速作出反应，协商处理，确保交流的顺利进行。通过这样的机构设置与运作，福建将能够更好地发挥其在对台交流中的先行先试作用，推动闽台青年交流走向更加深入、广泛的层面，为两岸关系的和平发展注入新的活力。这也将有助于增进两岸青年的相互了解与信任，为未来的合作与发展奠定坚实的基础。为闽台青年交流搭建更为稳固、高效的桥梁，促进两地青年之间的交流与合作，推动地区青年事务的发展与繁荣。

## 第四节　构筑闽台青年交流机制合作体系

闽台青年交流的机制建设尚处于探索与构建阶段，大多数现有的运行机制是由政府各部门独立推动或少数部门联合制定的政策性机制所构成的，这些机制在保障闽台青年交流工作的顺利进行方面发挥了一定的作用。

### 一、构筑闽台青年交流机制合作体系中的困难

#### （一）政策覆盖的广度与深度尚显不足

由于政策的制定和实施往往局限于特定领域或部门，导致一些关键领域的交流活动缺乏明确的制度性支持。这在一定程度上

限制了交流的广度和深度，使得一些潜在的、具有深远意义的合作机会未能得到充分的发掘和利用。为了推动闽台青年交流向更广泛、更深入的方向发展，有必要对现有的政策进行全面的审视和梳理，找出覆盖不足的领域，并制定相应的政策措施，确保各类青年交流活动都能够得到有力的政策支持和指导。

## （二）政策之间的融合度有待提升

由于各部门在制定政策时往往从自身的角度出发，缺乏对其他部门政策的充分了解和考虑，因此可能导致政策之间存在不一致或冲突的情况。这不仅增加了政策执行的难度和复杂性，也降低了政策的有效性。为了解决这个问题，需要建立更加统一和协调的政策框架，加强各部门之间的沟通与协作，确保各项政策在执行过程中能够相互衔接、形成合力。

## （三）相关部门间的沟通协作机制需进一步完善

政策执行过程中还可能遭遇部门抵触的问题。由于各部门之间在利益、职责等方面存在差异，可能导致一些部门在执行政策时产生抵触情绪，从而影响政策机制的适用性。为了避免这种情况的发生，需要建立相关部门间的沟通协作机制，促进各部门之间的信息共享、资源共享和经验交流，增强跨部门、跨地区的合作意识，共同推动闽台青年交流机制建设工作的顺利开展。为实现这一目标，各相关部门应该积极主动地参与协调会议、信息共享和协作项目，以确保信息流畅、资源共享和工作高效。同时，应建立定期沟通机制，明确责任分工和工作目标，以便协调各方资源和行动。此外，建议制定明确的工作流程和标准操作程序，以规范各部门间的合作，减少冲突和误解。通过这些措施，政府部门间的协作将更加紧密，促进闽台青年交流机制的顺利推进，实现更高效的工作成果。

## 二、构筑闽台青年交流机制合作体系的对策

### （一）建议组建专门的闽台青年交流机制协作机构

鉴于当前对台青年交流工作中已有一些职能部门表现活跃且成效显著，建议围绕这些部门成立一个专门的闽台青年交流机制建设协作机构。这一机构将作为协调各部门合作的桥梁与纽带，旨在促进信息共享、资源整合以及工作协调，进而提升整体工作效率。在建立这一协作机构的过程中，必须明确机构的职责和权限，以确保各部门在合作过程中能够有明确的角色分工和责任分担。这一协作机构可以通过定期会议、项目管理、资源调配等方式，推动各部门间的有效沟通和协作，确保各项任务能够高效完成。

### （二）设立专门监督机制确保科学运行

为确保协作机构的工作顺利进行，该机构还应设立专门的

监督机制，对各项工作进行严格的监督与管理，防止出现职责不清、协作不畅等问题。此外，为了提升机构的运作效率，建议引入信息化技术，建立专门的信息平台，以便于各部门之间的信息共享和交流，从而进一步提升工作效率和质量。同时，为确保信息畅通、工作协调，还应建立定期的沟通机制和协作机制，促进各部门之间的交流与协作。

## （三）引入绩效评估机制鼓励提高效率

为激励各部门积极参与合作，需要建立绩效评估机制，对各部门在合作中的表现进行客观评估，以表彰优秀表现，并作为改进工作的依据。为推进闽台青年交流机制建设的深入发展，一方面，建议成立"闽台青年交流机制建设合作委员会"，致力于系统研究和推进闽台青年交流机制的建设。通过不断完善管理运行机制，确保各部门之间的协调和合作更加顺畅高效，共同制定工作计划和目标，明确责任分工，避免工作重叠和资源浪费，建立定期沟通和协商机制，及时解决工作中的问题和矛盾，确保整个机制的顺利运行。共同树立闽台青年交流工作"一盘棋"思想，将闽台青年交流工作视为全局工作，而非各个部门之间的单项任务。为了更加有效地推进闽台青年交流机制建设，应当加强部门间的协调合作，实现资源的共享与信息的互通，从而凝聚工作合力，共同攻克工作中的难题。需要进一步深化与中央各部委的沟通协作，联合推进福建省各类青年交流项目的申报工作，加快机制建设的报批进程，并积极争取交流资金资源，确保闽台青年交流机制建设能够有序、系统地向前推进，实现其常态化、稳定化的发展。

### （四）定期召开工作推进会确保高效解决实际问题

为深化闽台青年交流机制建设的研讨与实践，应积极推动建立"闽台青年交流机制建设联席会议制度"。通过定期举办、确定主题、选定地点的形式、开展闽台青年交流机制建设的专题研讨，将交流的重点集中在特定领域或议题上，以深化讨论并推动实际问题的解决。拓宽闽台各方的交流渠道，确保信息流通无阻，资源能够得到共享，广泛征集各方意见和建议，积极邀请闽台的重点青年社团、青年社会组织、青年学生组织等参与其中，汇聚各方智慧和力量，共同推动闽台青年交流机制建设不断取得新的进展。

## 第五节 不断完善闽台青年交流合作机制

闽台两地目前已经建立起包括"青年交流机制""青年社团协商机制"以及"青年学生领袖交流对话机制"在内的多元交流

体系，这些机制为闽台青年群体提供了更加广阔的交流平台和丰富的交流机会，有力地促进了双方青年之间的相互了解与深入合作。通过这些机制，闽台青年们得以更全面地了解对方的社会文化、教育制度以及发展机遇，从而增进了彼此之间的友谊与信任，为两地间的友好交流与合作奠定了坚实的基础。这些交流机制在推动闽台交流持续发展的进程中，发挥了突出的作用，并取得了显著的成绩。它们不仅拉近了闽台青年之间的距离，更在促进两地青年共同成长、共同进步方面发挥了积极的作用。然而，我们也应清醒地认识到，只有持续不断地对交流机制进行创新和完善，才能推动交流活动的不断创新和发展，进而促使闽台青年交流步入"政策先行、机制灵活、措施优惠"的良性循环轨道。

## 一、增强闽台双方在制定青年交流工作规划中的协同性

近年来，闽台各方基于自身职能与区域特色，积极组织并开展了形式多元、内容充实的青年交流活动，这些活动均取得了显著的成效。然而，不容忽视的是，目前一些活动仍存在着一定的局限性，如各自为政、单向推进的现象较为普遍，相互间的协调配合明显不足。这导致一些活动虽然投入了大量资源，但在覆盖面和影响力方面却未能达到预期效果。深究其原因，主要在于缺乏长期、科学且全局性的工作规划和总体部署，使得活动组织显得分散且缺乏合力，活动效果和规模难以凸显。

## （一）建立健全闽台青年交流交往协调机制

为了解决这一问题，建立更为完善的协调机制显得尤为迫切，通过加强各方之间的沟通与合作，制定长远且切实可行的发展规划，可以确保青年交流活动的连续性和稳定性。同时，还需要对活动进行全面、系统的规划，注重协同合作，以提升活动的成效和影响力，推动两地青年间的交流与合作迈上新的台阶。面对当前两岸青年交流的新形势和新挑战，积极整合福建省内各地区、各相关部门对台青年交流工作的资源显得尤为重要。为了更全面地推动闽台青年交流，不仅要深入挖掘并充分利用福建省内的资源优势，还需进一步强化与台湾岛内积极参与闽台青年交流的多方力量的沟通与协商。这种沟通与协商不仅限于表面形式，更应深入实质，以实现资源共享、信息互通和合作共赢。通过加强两岸青年的交流与合作，更好地促进两地文化的融合与发展，推动闽台关系迈向更加紧密和深入的新阶段。通过广泛征求两岸青年、专家学者以及参与交流活动组织的意见和建议，更精准地把握两岸青年交流的需求和趋势，为制定《闽台青年交流工作中长期规划》提供坚实而有力的支撑。

## （二）论证闽台青年交流交往协调机制的可行性和操作性

从战略层面和全局视角出发，制定这一规划，旨在明确闽台青年交流工作的总体任务、工作原则和主要目标，既要注重规划的前瞻性和指导性，也要确保其具有可行性和操作性。在宏观层面，规划应概述交流工作的主要方向和重点领域，强调增进理解、促进合作、共同发展的原则；在微观层面，具体明确各项交流活动的实施步骤和方法，确保交流活动的质量和效果。此外，初步建立一个量化的指标体系，对交流成效进行评估和监测，不仅有助于及时调整和优化交流计划，也为未来闽台青年交流的持续发展提供参考。例如，在促进闽台青年交流活动的实施过程中，针对不同社会阶层的闽台青年、不同年龄段的闽台青年学生、各种类型的闽台青年社团以及各领域的闽台青年社会组织，精心策划并组织一系列具有针对性和实效性的交流活动。这些活动旨在通过形式多样的交流方式，增进闽台青年之间的相互了解和友谊，促进双方在文化、教育、职业等多个领域的深度合作。在活动设计方面，充分结合闽台两地的优势与特点，通过互相学习、取长补短的方式，推动双方的共同成长。如，台湾在文化创意、公益服务以及职业技能培训等方面具有显著优势，而大陆则在竞争意识、创业氛围以及市场资源等方面表现出强大的竞争力。因此，在充分把握闽台两地的这些特点的基础上，可以为闽台青年搭建一个广阔的交流合作平台。通过这一系列的交流活动，闽台青年得以更加深入地了解对方的文化、教育和社会环境，进而促进了双方在多个领域的合作与交流。这不仅有助于推动闽台关系的和平发展，也为两岸青年的共同成长和进步奠定了坚实的基础。

## 二、积极推动出台与闽台青年交流相关的便利化政策

为深化两岸经济社会融合发展，福建省采取了一系列积极措施，旨在为台胞提供更为便捷的服务，加强两岸的交流合作。具体举措包括简化台湾居民往来大陆的出入境手续，推行免签注政策，减轻其出行负担；推出卡式台胞证，进一步优化旅行流程，提高两岸人员往来的便捷性；扩大台湾个体工商户在大陆的营业范围，以进一步开放市场，促进两岸经济互利共赢；针对台湾青年，提供多样化的支持措施，例如实习、就业和创业等方面的帮助，以促进两岸青年交流，培养更多两岸人才；积极鼓励台湾企业参与"一带一路"倡议，为两岸经济合作搭建更广阔的平台。这些举措不仅为两岸交流合作提供了有力的制度保障，更为促进两岸关系和平发展、构建两岸命运共同体奠定了坚实的基础。

福建作为大陆对台交流的前沿区域，凭借其独特的地理区位和文化底蕴以及"先行先试"政策的优势，享有得天独厚的便利。2023年9月12日，中共中央、国务院在《支持福建探索海峡两岸融合发展新路建设两岸融合发展示范区的意见》中指出："要充分发挥福建对台独特优势和先行示范作用，善用各方资源，深化融合发展；始终尊重、关爱、造福台湾同胞，完善增进台湾同胞福祉和享受同等待遇的政策制度；坚持问题导向，突出先行先试，扩大授权赋能，持续推进政策和制度创新；坚持先易后难、循序渐进、持续推进、久久为功，因时因地制宜，支持条件

好、优势突出的地区率先试点、以点带面，引导其他地区找准定位、协同增效。"①

尽管福建省在引进台湾青年人才参与公共事务方面取得了显著成效，但仍存在一些问题和挑战。例如，参与门槛较高使得普通青年难以融入其中；政策覆盖面较为狭窄，主要集中在技术人才领域；政府职能部门的公共管理类岗位相对较少；以及存在较多"体制外"人才而"体制内"人才相对较少等。这些问题需要我们进一步研究和改进。因此，在继续巩固和深化福建省当前引进台湾青年人才的政策基础上，应积极探索台湾青年有序参与公共事务管理的新机制。可以考虑在特定区域、特定层级范围内，为取得大陆全日制普通高等学校学历学位的台湾学生提供通过公务员考试进入群团组织从事非涉密类的一般性公共管理岗位工作的机会。借鉴福建省"引进生"和"特聘台湾专才"的成功经验，探索从台湾顶尖高校引进人才到福建省内的开发区、台商投资区担任科技副主任等职位，经过实践考察后，进一步推广至更高层级的岗位。此外，应鼓励和支持各级政府开放财政供养的就业岗位给台湾青年，如社工等职位，并提供一定的生活补助资金，以增强这些岗位对台湾青年的吸引力。持续探索在政协组织、青联组织和其他青年社会团体中吸收台籍青年、台生的可能性，适度扩大他们的政治参与空间，以增强他们的参与感、认同感和归属感，并加深他们对大陆社会的理解和融入。

---

① 中华人民共和国中央人民政府.中共中央 国务院关于支持福建探索海峡两岸融合发展新路 建设两岸融合发展示范区的意见[EB/OL].https://www.gov.cn/zhengce/202309/content_6903538.htm，2023-09-12.

## （一）制定出台更加开放、便捷、优惠的闽台青年交流政策

福建省以更加开放包容的心态、更加务实的作风，加大力度推动闽台青年交流的便利化。具体而言，应制定并出台一系列更加开放、便捷、优惠的闽台青年交流政策，旨在为台湾青年在福建的学习、实习、就业和创业提供更为便利的条件。例如，可以进一步简化相关手续，降低门槛，为台湾青年提供更多的奖学金和实习机会，鼓励他们积极参与福建的经济社会建设。建立更多的青年交流平台和项目，增加文化、教育和科技等领域的合作项目，为闽台两地青年提供更多的交流机会和合作空间。通过这些政策举措的实施，不断深化和扩大闽台青年之间的交流与合作，有效地促进两岸经济社会的融合发展。然而，实现两岸青年交流的深入发展并非一蹴而就，需要我们持续努力，不断完善政策支持，为两岸关系的和平发展和共同繁荣作出更大的贡献。

## （二）探索和推动台湾青年享受大陆居民待遇的清单

这一政策的实施旨在为台湾青年在福建学习、工作和生活提供更多便利和支持。就学方面，要确保台湾青年在福建的学习机会与大陆学生享受同等待遇，包括入学申请、奖学金申请、学术交流等方面；科研项目申请方面，要鼓励和支持台湾青年参与

大陆的科研项目，申请科研资金，享受与大陆科研人员同等的待遇和机会；执业资格认证方面，为台湾青年在大陆的执业提供便利，简化执业资格认证流程，使其能够在法律、医疗、教育等领域顺利工作；报考事业单位方面，允许台湾青年报考福建省内的事业单位职位，享受与大陆考生同等的应聘机会；医疗保障方面，将台湾青年纳入大陆的医疗保障体系，享受与大陆居民相同的医疗服务和保险待遇；住房保障方面，提供住房补贴或优惠政策，帮助台湾青年解决在福建的居住问题，享受与大陆居民同等的住房保障；涉及信用卡办理，应简化银行信用卡的申请流程，使台湾青年能够便利地办理和使用信用卡；在闽台青入住酒店时，应享受与大陆居民相同的便利和服务；等等。

为真正实现台湾青年在福建乃至整个大陆地区的顺利引进、稳定留任与深度融入，形成两岸同胞和谐共处的良好格局，福建省提出允许台资企业的台湾母公司派驻大陆的台籍员工免交医疗保险、社会保险等"五险一金"的政策。此举旨在有效降低台资企业的用人成本，同时亦为台湾员工提供更为优厚的就业待遇，吸引更多台湾青年投身于大陆的经济社会发展。

福建省积极鼓励在大陆就业创业的台湾青年缴纳社会保险费，承诺保障其各项权益。特别是在离职返回台湾时，实行个人缴费部分全额返还的政策，这一举措将极大地增强台湾青年在大陆就业创业的信心与积极性，进一步推动两岸青年的交流与合作。同时，目前相关部门还在试点开展台湾青年来闽旅游补助制度，希望通过这一有益举措，吸引更多台湾青年前来体验福建的秀美风光与悠久历史文化。具体而言，通过探索建立内容丰富、手续便捷、费用相对低廉的台湾青年来闽自助游模式，降低台湾青年来闽参访旅游的门槛。对于持台湾岛内学生证的青年游客，提供福建省内各旅游景区的门票优惠、精品线路指引以及赠送特色文化小礼品等专属服务，以此展现福建的热情与诚意。

### （三）为便利闽台青年交流交往争取先行先试政策

积极争取更多福建赴台旅游的先行先试政策，不断优化福建青年赴台交流团组的审批程序，简化福建青年个人赴台游的办理手续。福建省持续致力于创造更为便利的条件，以促进更多福建青年赴台观光旅游、参访交流，从而推动两岸青年之间的深入了解与友好往来。此外，通过微信公众号、手机 APP 等新媒体渠道定期更新推送各类政策信息，使得更多人能够及时了解和享受到这些政策带来的便利。这种信息的普及和共享，有助于提高政策的知晓率和参与度。这些政策举措将在促进两岸经济文化交流合作、增进两岸青年之间的理解与友谊、推动两岸关系和平发展等方面发挥重要作用。

## 三、持续完善惠及闽台青年民生领域的政策

随着闽台之间交通、通信、金融等领域合作的不断深化，两岸关系的发展迎来新的机遇和挑战。闽台空中直航航线的持续开通，为两岸民众提供了更加便捷、高效的往来方式，不仅促进了

经济文化交流，也加强了两岸民众之间的感情纽带。海上客运航线的增加，进一步拉近了福建与台湾之间的距离，让"一日生活圈"不再是梦想。随着"海峡光缆1号"的启用，闽台通信业务的成本降低，效率提高，为两岸企业合作、信息交流提供了更好的条件，推动了两岸经济的发展。在金融领域，厦门市建立了两岸合资证券投资基金，为便利两岸资金往来，厦门银行为台湾同胞建立了人民币对台往来账户，这是在大陆建立的第一个相关类型的基金组织和对台往来账户，这进一步促进了闽台金融合作的深入发展。这些举措不仅有助于提升两岸金融机构的国际竞争力，也为两岸企业的跨境投资、融资提供了更多便利。同时，台胞往来大陆实现免签注，为台湾同胞赴大陆旅行、学习、工作提供了更加便利的条件，进一步加强了两岸人民之间的交流与互动。随着闽台往来的便利程度不断提升，促进了两岸青年之间的交流与合作。

## （一）完善在闽台湾青年民生领域的保障机制

为了促进更多台湾青年的深入融入与广泛认同，亟需加快完善针对在闽台湾青年民生领域的保障机制，这一机制的完善不仅关乎台湾青年的切身利益，更是福建地区深化两岸交流、促进两岸融合发展的重要举措。这包括建立健全台湾青年在大陆学习、就业、创业、生活等方面的政策体系，为他们提供更多便利和支持。助力台湾青年更好地融入当地社会，实现自身价值，同时也为两岸关系的发展注入新的活力。同时，营造宜居宜业的良好环境也是至关重要的。福建需要加大力度改善台湾青年在当地的生活条件，提升他们的生活质量和工作环境。只有让台湾青年感受到福建的包容与温暖，他们才会更愿意留在大陆发展，为促进两岸青年交流作出更大的贡献。

具体而言，应从多个方面入手，确保台湾青年在福建能够享受到与当地居民同等的待遇和保障。一是关注台生就业。在推动两岸经济文化交流与合作的过程中，关注台湾学生在闽就业问题。当前，福建已允许台湾学生在省内就业，并赋予他们与大陆高校毕业生同等的工资福利、社会保险及子女教育等权益，这一政策的实施，无疑为台湾学生在福建寻找职业机会、实现自我价值提供了有力的保障。他们可以在这里享受到与大陆学生相同的待遇，参与到福建的经济社会发展中，为两岸的深度融合做出积极的贡献，是增进两岸融合的一大进步。但是，为更全面地推动台湾学生在福建的就业，尚需制定并落实更多优惠政策，这包括在就业准入领域、资格认证及人事档案管理等方面，进一步细化并完善相关制度。例如，可以适当放宽对台湾学生在某些特定行业的就业限制，简化资格认证流程，建立更为便捷的人事档案管理机制等。相关措施的实施，将有助于消除台湾学生在就业过程中可能遇到的障碍，提高他们在福建的就业竞争力。此外，通过深入调研在闽台湾学生的工作情况，了解他们的就业需求、工作环境、薪资待遇等方面的情况，能够及时发现并处理他们在职场中可能遭遇的种种难题，并根据他们的反馈和建议，进一步完善相关政策措施，进而构建一个更加公正友好的职业环境。

## （二）设立专项补贴或奖励资金鼓励有突出贡献企业

为鼓励企业积极吸纳台湾大学毕业生及技术工人，可设立专项补贴或奖励资金，用于补贴企业在招聘、培训台湾学生方面的支出，或者用于奖励在吸纳台湾学生方面表现突出的企业。这不仅可以降低企业的用人成本，激发他们招聘台湾学生的积极性，还可以为台湾学生提供更多的就业机会和选择空间，进一步促进两岸人才的交流与合作。在当前的社会经济发展背景下，扶持台湾青年创业已成为促进两岸经济交流与合作的重要策略之一。福建省制定并出台了一系列政策文件，旨在全方位支持台湾青年在福建地区的创业就业活动，为台湾青年在福建的创业就业提供了明确的政策支持和保障。这些政策措施不仅涉及融资支持、税收优惠、社会保障等传统领域，还拓展至住房安排、创业指导等方面，形成了多层次、全方位的支持体系。特别是针对台湾青年在创业过程中可能遇到的融资难题，相关部门不断完善创业担保贷款政策，通过建立担保风险补偿机制，提供信用增进服务等方式，破解因缺乏有效抵押物、信用等级难以评定等问题导致的融资困境。这一举措不仅降低了台湾青年创业的资金门槛，也提升了他们的创业成功率，为两岸青年创业合作注入了新的活力。

## （三）为台湾青年提供全方位的创业支持

相关部门可以通过举办创业培训、搭建创业平台、提供创业导师指导等方式，为台湾青年提供全方位的创业支持。这些措施不仅有助于提升台湾青年的创业能力，也为他们提供了更多展示才华、实现价值的机会。通过推动两岸青年创业交流合作，能够进一步促进两岸经济的深度融合与发展。为台湾青年创造良好的工作、学习及生活环境，不仅有利于促进两岸青年之间的交流与理解，更是深化两岸融合发展的重要举措。为此，要尽可能地创造条件，完善住房、医疗、社保等民生领域的保障机制，为他们营造宜居宜业的良好环境。在台湾青年集中的地区，应提供全方位的配套保障，特别是在生活保障方面需做出切实有效的努力。例如，积极引进深受台湾青年欢迎的知名便利连锁品牌"7-11"，为在闽台湾青年打造充满台湾风情的生活环境，最大限度地减少他们因环境变化所可能遇到的适应难题，更是一种情感上的慰藉，让他们在异地他乡能够感受到家的温暖。此外，在台商子女较为集中的区域，应积极采取措施，如设立台商学校、引进台资医疗机构、建设台商会馆等，为台湾青年及其家庭提供更为便利和贴心的服务。

2019 年福州市首家 7-11 便利店在东街口开张

这些举措不仅能够满足他们的实际需求，还能进一步增强他们在当地的归属感和满意度。要建立健全台湾青年权益保障机制，加强与相关职能部门的协作配合，通过法律、政策等多种手段，切实维护和保障台湾青年在大陆的合法权益，确保他们享有平等的发展机会，让他们能够无后顾之忧地投入到工作和学习中，为两岸的融合发展贡献自己的力量。为台湾青年在福建地区的生活和发展提供更加坚实的保障，进一步增强他们对福建地区的认同感和归属感。深化两岸青年的交流合作，推动两岸关系的和平发展，为福建地区的经济社会发展注入新的活力和动力。

## 四、构建高效务实的闽台青年交流资源保障机制

为推动闽台青年交流保持持续稳定、逐步深化的良好态势，核心在于构建一个高效务实的资源保障机制，汇聚各方资源与力量。这一机制的建立，不仅需要政府的有力指导和支持，还需要社会各界、特别是教育、文化、科技、经济等领域的积极参与和协同合作。相关部门的有力指导和支持是资源保障机制建立的基石。应该出台更多有利于两岸青年交流的政策措施，为两岸青年提供更多的交流机会和便利条件。同时，还应该提供必要的资金支持，为交流项目的实施提供保障，发挥桥梁和纽带的作用，协调各方力量，推动资源的有效整合，确保资源保障机制的高效运行。

## （一）调动社会各界的积极参与和协同合作

教育机构可以通过设立交换生项目、联合举办学术研讨会等方式，为两岸青年提供更多的学习和交流机会。文化组织可以通过举办文化节、艺术展览等活动，促进两岸青年对彼此文化的了解和欣赏。科技界和经济界也可以通过合作研发、创业孵化等方式，为两岸青年提供合作创新的平台，共同推动科技进步和经济发展。通过有效地集聚和利用资源，可以为闽台青年提供更多、更广泛的交流平台和机会，包括但不限于学术研讨、文化体验、创业指导等多方面内容。创新交流模式，利用现代信息技术手段，如线上交流平台，以及举办线上线下结合的各类活动，降低交流成本，提高交流效率。促进闽台青年间的相互了解和友好情感，为形成规模性、持续性、实效性的闽台青年交流格局奠定坚实基础。

## （二）构建长效稳定的交流交往机制

建议成立"闽台青年交流基金会"，充分整合闽台两地的各类社会资源，通过政府层面的直接支持，引导社会各界、相关组织和个人共同参与，为闽台青年交流提供持续而稳定的资金保障。基金会的运作，应以官方为主导，同时积极鼓励社会各方力量参与，形成政府与社会力量共同推动的良好格局，推动闽台青年交流向更高层次、更广泛领域发展。在资金运作方面，建立公开、透明、高效的运作机制，包括通过项目申报的方式获取资金支持，完善审批程序，确保每一笔资金都能用到实处，实现专款专用。

## （三）建立完善的监督机制严防滥权

对交流基金的使用进行严格监督管理，防止资金的滥用和浪费。为激发社会各界对闽台青年交流事业的热情，基金会还应建立有效的激励机制，这包括定期申请政府表彰和奖励，对在闽台青年交流事业中作出杰出贡献的个人和集体进行表彰，如设立"闽台青年交流杰出贡献奖"等。鼓励更多的人积极参与到闽台青年交流事业中来，提升这一事业的社会影响力和认可度。在资金扶持上，重点支持闽台青年交流的重点项目和自主开展的交流活动，特别是那些具有创新性和影响力的项目，通过媒体宣传，积极打造一批有影响力、可持续、高规格的闽台青年交流品牌，提升闽台青年交流事业的影响力和知名度。

## （四）加强闽台青年交流阵地建设

首先，应充分利用现有的对台资源，打造一批"闽台青年交流基地"，如中国闽台缘博物馆、漳州市博物馆等文化地标，为青年提供实地学习和交流的平台。其次，应围绕闽南文化、客家文化、妈祖文化、朱子文化等主题，创建新的交流基地，如建立"闽南文化体验馆"等，让青年在亲身体验中深入了解闽台传统文化。最后，还应发挥现有青少年活动阵地的作用，如青少年宫、少年军校等，设立闽台青少年交流展览室等设施，为更多青年提供参与和体验闽台文化交流的机会。通过这些措施，进一步推动闽台青年交流事业的发展。

中国闽台缘博物馆　　　　　　漳州市博物馆

## （五）创新台籍青年参与大陆公共事务的制度体系

在当前两岸交流融合的社会背景下，探索台湾青年有序参与大陆公共事务的有效机制显得尤为重要。积极引导两岸青年通过多渠道共同参与两岸公共事务管理，建立更加开放和包容的交流平台，不仅能够激发青年群体的社会管理创新潜能，培养他们的领导能力和团队合作精神，还能通过形成共同观点和充分表达共同意愿，加强两岸青年之间的沟通和理解，促进共同发展与合作，凝聚两岸青年的共识，增强台湾青年在大陆的归属感。当前，大陆积极创造条件提供岗位，帮助台青以实习促就业、以就业带创业，已授牌设立的两岸青年就业创业基地和示范点，通过提供就业创业辅导、法律咨询和投融资支持等方式，帮助台青走好来大陆发展的第一里路[①]。

---

① 中华人民共和国中央人民政府.国台办：帮助台青走好来大陆发展的第一里路[EB/OL].https://www.gov.cn/xinwen/2022-05/11/content_5689686.htm，2022-05-11.

为进一步拓宽引进台湾专才的渠道，包括高等院校、科研院所以及一线生产经营重要岗位，应为他们提供相关待遇，如工资福利、生活津贴、免租金住房等。这些举措不仅能为台湾青年提供施展才华的舞台，也能有效促进两岸在科技、教育等领域的交流与合作。此外，福建省还应通过招聘事业单位编内人员、聘请台湾专才担任行政管理部门和国有企业职务等方式，进一步拓宽台湾青年在大陆的就业渠道。积极推动向台胞开放医师、律师等职业资格考试，为台湾青年在大陆创业就业提供更多机会。